MANOS
Creativas

EDUCAR LA MOTRICIDAD FINA CON MATERIAL NO ESTRUCTURADO EN EDUCACIÓN INFANTIL

Míriam Díaz

Saralejandría
ediciones

A mi pareja, a mi familia y a mis amigas,
por ser mi faro y acompañarme en cada paso que doy.

A mi yo de 18 años, que en su peor momento decidió
luchar por su sueño de convertirse en maestra,
a pesar de todas las adversidades.

Este libro es un homenaje
por haber creído en mí y en mis sueños.

Gracias por acompañarme en este camino.

íNDiCE

PARTE 1.
NOCIONES TEÓRICAS

CAPÍTULO 1

IDEAS BÁSICAS DE MOTRICIDAD FINA

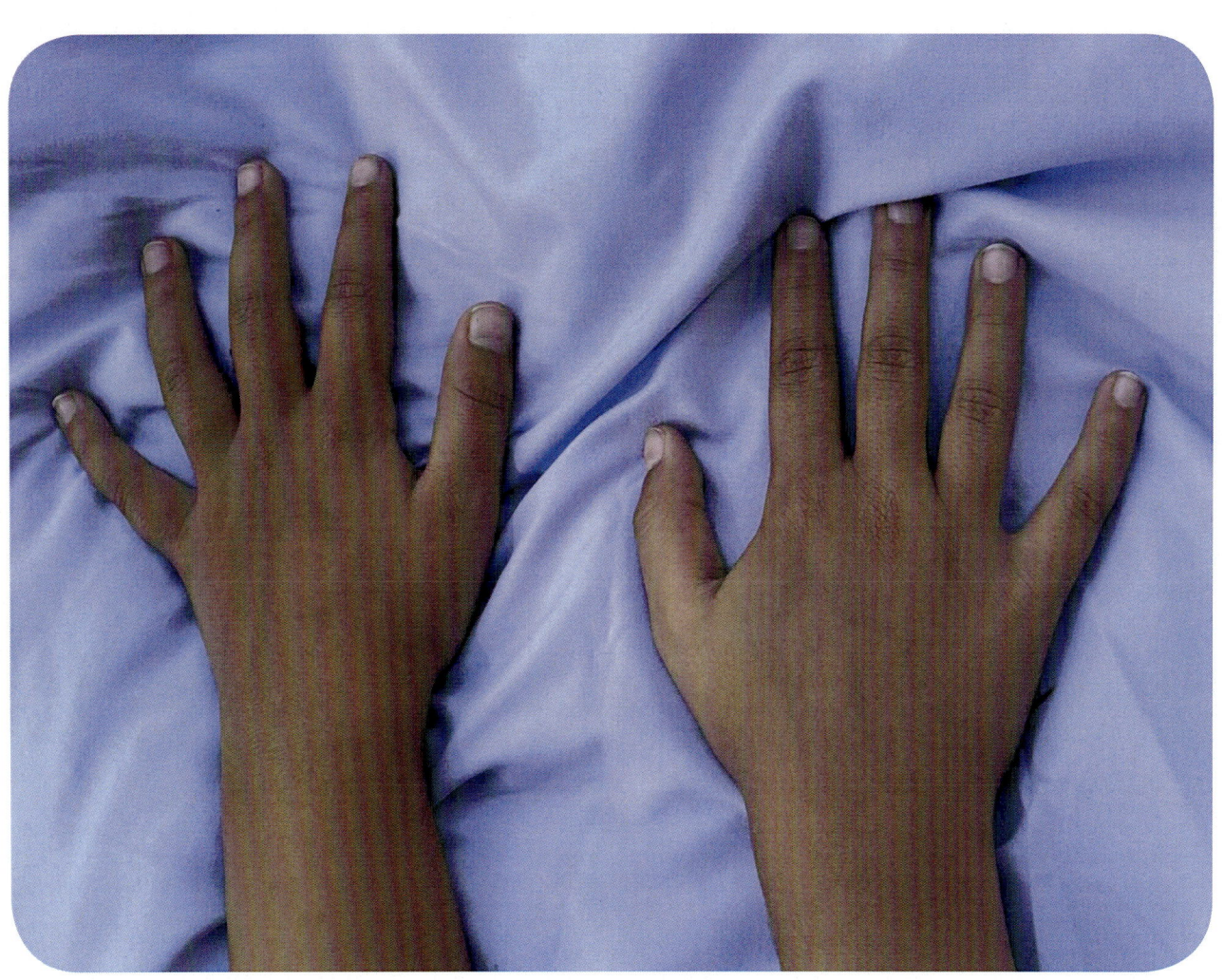

La motricidad fina se refiere a la coordinación de los músculos, huesos y nervios responsables de realizar movimientos pequeños y precisos. La motricidad fina implica la capacidad de utilizar los pequeños músculos del cuerpo para ejecutar movimientos específicos, particularmente aquellos que requieren la participación de las manos y los dedos. Este proceso de desarrollo es complejo y depende de diversos factores, como la estimulación, la madurez y la capacidad personal de cada niño o niña. Además, involucra movimientos controlados y deliberados que exigen tanto el desarrollo muscular como la maduración del sistema nervioso central.

La motricidad fina se basa en la coordinación entre la vista y el movimiento, así como en la fuerza y la destreza de los músculos pequeños. La práctica constante de actividades que desafían y desarrollan estas habilidades, contribuye al fortalecimiento y perfeccionamiento de la motricidad fina en los niños y niñas. Este tipo de motricidad permite la manipulación de objetos, ya sea con toda la mano o mediante movimientos más diferenciados que involucren ciertos dedos en particular. Asimismo, el desarrollo de la motricidad fina está estrechamente relacionado con el fortalecimiento de los músculos, huesos y nervios más pequeños del cuerpo, lo que la convierte en un aspecto fundamental en el crecimiento y desarrollo infantil.

El desarrollo de la motricidad fina en la infancia, especialmente en los primeros seis años de vida, es esencial para el crecimiento y la autonomía de los niños y niñas. Esta habilidad se refiere a la capacidad de realizar movimientos precisos y coordinados con las manos y los dedos, necesarios para tareas cotidianas.

A continuación, detallo las etapas del desarrollo de la motricidad fina, pero hay que tener en cuenta siempre que cada niño o niña es diferente y tiene sus propios ritmos, tiempos y necesidades. En su primera etapa de vida, **entre los 0 y 6 meses, los bebés muestran el reflejo de prensión,** cerrando sus manos alrededor de cualquier objeto que toque su palma. Aunque inicialmente involuntario, este movimiento es el primer paso en el desarrollo de la motricidad fina. Hacia los 3 o 4 meses, comienzan a desarrollar el control voluntario de sus manos, intentando alcanzar y sostener objetos, mientras empiezan a coordinar lo que ven con lo que quieren tocar.

En torno a los 8-10 meses, los bebés logran el agarre en pinza, utilizando el pulgar y el índice para sujetar objetos pequeños. Durante esta etapa, manipulan objetos con mayor intención, pasándolos de una mano a otra y explorándolos con las manos y la boca.

De 1 a 2 años, los niños y niñas mejoran su agarre, sosteniendo objetos con mayor precisión y fuerza. A medida que avanzan, **entre los 2 y 3 años, desarrollan la coordinación bilateral**, utilizando ambas manos de manera coordinada. **De 3 a 4 años aumentan la precisión en sus movimientos y desarrollan habilidades** de autocuidado y **entre los 5 y 6 años, comienzan a escribir sus primeras letras y palabras,** mejorando su control del lápiz y la precisión en los trazos y son capaces de realizar tareas cotidianas con mayor autonomía.

El desarrollo de la motricidad fina es crucial para la autonomía, las habilidades prácticas, y el desarrollo cognitivo y emocional de los niños y niñas. Las actividades que la fomentan mejoran la concentración, la paciencia y la resolución de problemas. Fomentar el desarrollo de la motricidad fina desde una edad temprana a través de material no estructurado y la participación en tareas cotidianas es esencial para que los niños y niñas desarrollen su motricidad fina de manera efectiva y lleven a cabo un crecimiento integral.

La motricidad fina es fundamental en el desarrollo infantil, ya que permite a los pequeños y pequeñas realizar movimientos precisos y delicados que son esenciales para su vida diaria y su aprendizaje. Este desarrollo no solo implica el uso de las manos y los dedos, sino también la coordinación y fortalecimiento de los músculos más pequeños del cuerpo. A través de actividades cotidianas y el uso de elementos no estructurados, tanto docentes como familias pueden desempeñar un papel crucial en la estimulación de estas habilidades.

CAPÍTULO 2

IDEAS BÁSICAS DE MATERIAL NO ESTRUCTURADO

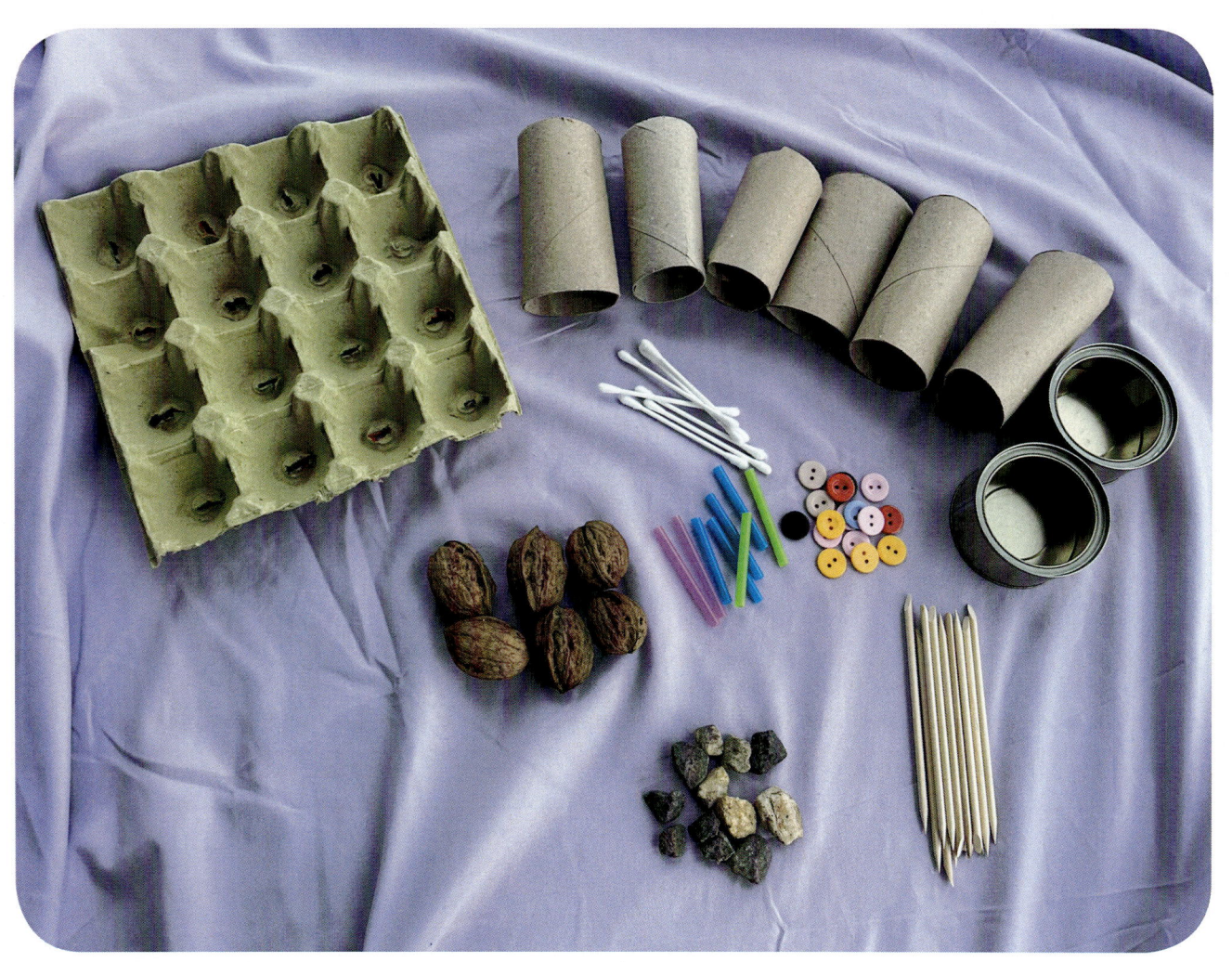

El material no estructurado se caracteriza por no tener una forma o función predeterminada, ni un uso específico en el ámbito educativo. Este tipo de material brinda a los niños y niñas la libertad de darle cualquier significado, lo que les permite explorar, imaginar, experimentar y crear de manera libre.

Por el contrario, el material estructurado está diseñado para un uso concreto o tiene una finalidad lúdica específica. Estos materiales, al ofrecer un propósito definido, pueden limitar la imaginación, ya que tienden a imitar lo que han visto. Sin embargo, cuando se les ofrecen elementos sin un fin particular, los niños y las niñas tienen la oportunidad de adjudicarles múltiples significados y usos.

El juego con materiales no estructurados les permite crear diversos escenarios con un mismo material, fomentando su creatividad y habilidades cognitivas. Por ejemplo, unas piedras pueden ser carritos, monedas o pan, dependiendo de la imaginación de cada uno. Este tipo de juego contribuye al desarrollo del lenguaje, la resolución de problemas, la autonomía y la iniciativa por descubrir.

El material no estructurado se adapta a las características y edades de los infantes, permitiéndoles explorar y moverse libremente.
Todo puede servir para jugar, incluso sin materiales específicos, el juego surge de la imaginación. Con este tipo de materiales, los niños y las niñas son los que inventan sonidos, movimientos o roles, sin estímulos externos, lo que les permite ejercitar su imaginación. De este modo, incluso el aburrimiento se convierte en un aspecto positivo, ya que impulsa a los pequeños y pequeñas a pensar, imaginar, explorar e inventar.

Estos materiales ofrecen experiencias sensoriales, fomentan el pensamiento divergente y la capacidad de tomar decisiones, puesto que el niño o niña debe elegir cómo y con qué jugar, y si comparte su juego con otros o no. La tarea del adulto, cuando ofrecemos material no estructurado, es acompañar y observar sin interferir, respetando el aparente desorden que surge durante el juego, puesto que representa el mundo creado por ellos/as. Al seleccionar estos materiales, es importante considerar si responden a los intereses y necesidades del niño o niña, por lo que es aún mejor si se recolectan o fabrican juntos. No debemos subestimar el valor de estos materiales como herramientas de juego, ya que suelen ser los más accesibles y valiosos.

El uso de material no estructurado en el entorno infantil presenta numerosas características y beneficios que contribuyen al desarrollo integral de los niños y niñas. Una de las principales ventajas de estos materiales es su gran versatilidad, al no tener un propósito o forma predeterminada, pueden ser utilizados de diversas maneras, según la imaginación y creatividad del niño o niña. Además, no requieren manuales de uso ni reglas específicas, lo que fomenta la autonomía y libertad en el juego.

Estos materiales suelen ser fáciles de encontrar y económicos, ya que incluyen objetos cotidianos, reciclados o naturales, como palos, piedras, telas y cajas. Su uso ofrece una rica experiencia sensorial, con una variedad de texturas, formas, colores y tamaños que estimulan los sentidos del niño o niña. Además, su adaptabilidad permite que puedan ser utilizados por los infantes de diferentes edades y habilidades, ajustándose a sus necesidades e intereses en cada etapa de su desarrollo.

Los beneficios del material no estructurado son igualmente notables. En primer lugar, promueven el desarrollo de la creatividad y la imaginación, ya que los niños y niñas pueden asignarles múltiples significados y crear nuevos escenarios y roles. Este tipo de material también fomenta el juego simbólico, donde los pequeños y pequeñas utilizan los materiales para representar otros objetos o situaciones, lo que es fundamental para su desarrollo cognitivo y emocional.

Además, el uso de estos materiales estimula la resolución de problemas, ya que, al experimentarlos y manipularlos, los niños y niñas enfrentan desafíos que requieren soluciones creativas, fortaleciendo su capacidad para resolver problemas de manera autónoma. También se fomenta el pensamiento divergente, es decir, la habilidad de generar múltiples soluciones o ideas a partir de un solo estímulo.

En términos de desarrollo motor, el manejo de diferentes tipos de materiales les ayuda a desarrollar tanto la motricidad fina como la gruesa. Además, la libertad para explorar y decidir cómo jugar con estos materiales fomenta su autonomía y confianza en sí mismos. La experiencia sensorial que brindan es variada y enriquecedora, permitiendo a los niños y niñas explorar y comprender el mundo a través de sus sentidos.

Otro aspecto positivo de los materiales no estructurados es que se adaptan perfectamente a las diferentes etapas evolutivas de la infancia. Por ejemplo, para un niño/a más pequeño, un palo puede servir para hacer agujeros en el suelo, mientras que para un niño/a más mayor, el mismo palo puede convertirse en una varita mágica o en un palo de hockey.

Además, estos materiales evitan la sobre estimulación, ya que al no tener luces ni sonidos, no hay estímulos externos, por lo que toda la imaginación debe surgir del propio niño o niña, lo que da lugar a juegos creativos y muy imaginativos.

Una de las mayores ventajas que ofrece el material no estructurado es que lo más probable es que ya tengas mucho material de este tipo en casa, ya que cualquier objeto cotidiano o reciclado puede servir. Si no dispones de material, te recomiendo empezar a guardar y reciclar objetos que puedan ser usados por niños y niñas sin directrices ni instrucciones. Estos materiales son una herramienta muy valiosa para potenciar la creatividad, la autonomía y las habilidades sociales en la infancia, al tiempo que enriquecen su experiencia sensorial y cognitiva.

Seguir un buen criterio de selección de materiales no estructurados es fundamental para aprovechar al máximo su potencial educativo y lúdico y, es por ello, que para elegir los mejores materiales, es importante considerar varios criterios clave. En primer lugar y uno de los más relevantes, la seguridad. Los materiales deben ser no tóxicos y adecuados a la edad de cada niño o niña, evitando cualquier sustancia peligrosa. Es esencial elegir materiales que no sean demasiado pequeños para evitar riesgos de asfixia y que tengan superficies suaves, sin bordes afilados o puntas que puedan causar heridas.

La versatilidad es otro aspecto al que prestar atención, puesto que los materiales deben ofrecer múltiples usos, permitiendo que puedan explorar y asignarles diferentes significados y funciones durante el juego. Es recomendable optar por materiales que puedan transformarse, como bloques de madera, telas o cajas, que los niños y niñas pueden apilar, usar como cajas, rollos de papel, o convertir en otros objetos según su imaginación.

Además, los materiales deben proporcionar una buena experiencia sensorial, con una variedad de texturas, colores, tamaños y formas para estimular la curiosidad y la exploración de los niños y niñas. Incluir materiales naturales como piedras, hojas, ramas o conchas es una excelente opción, ya que ofrecen diversas experiencias táctiles y una conexión con el entorno.

Por otro lado, es muy importante que los materiales se adapten a las diferentes edades y etapas de desarrollo de los niños y niñas. Un mismo material puede tener muchos usos distintos dependiendo de la edad de cada uno.

La durabilidad también es un aspecto a tener en cuenta, ya que los materiales deben ser resistentes para soportar el uso continuo y el manejo brusco de los niños y niñas. También me parece importante, siempre que sea posible, optar por materiales sostenibles, reciclados o reciclables, para contribuir al cuidado del medio ambiente.

Otro punto considerable es que los materiales sean fáciles de encontrar, ya sea en la naturaleza, en casa, o a través del reciclaje de objetos cotidianos, es preferible buscar materiales económicos o gratuitos, como, por ejemplo, objetos que ya no se utilizan en casa o materiales que puedan recolectarse en el entorno natural.

Al elegir materiales, es fundamental considerar su potencial creativo. Los materiales no deben tener un uso predeterminado, de modo que los niños y niñas puedan utilizar su imaginación para decidir cómo y cuándo jugar con ellos. Estos materiales deben permitir que los pequeños y pequeñas encuentren múltiples usos y soluciones creativas durante el juego, promoviendo su capacidad de pensamiento divergente, fomentando el desarrollo de la imaginación y la creatividad.

La facilidad de almacenamiento y organización es otro aspecto a tener en cuenta, debido a que los materiales deben ser fáciles de almacenar y organizar, facilitando tanto su acceso como el mantenimiento del orden en el espacio de juego. Es ideal que sean portátiles, permitiendo que los niños y niñas puedan trasladarlos cómodamente, dentro del entorno de juego o a diferentes ubicaciones, lo que fomenta la exploración y el juego en distintos contextos.

Es importante que los materiales seleccionados fomenten la colaboración y el juego en grupo, deben ser adecuados para que varios niños y niñas los utilicen al mismo tiempo, lo que promueve la comunicación, la cooperación y el desarrollo de habilidades sociales. Los materiales les deben permitir que interactúen entre sí, resuelvan problemas en conjunto y compartan ideas o roles durante el juego.

CAPÍTULO 3

EJEMPLOS DE MATERIALES NO ESTRUCTURADOS

El material no estructurado, al no tener un propósito o función específica, permite ser utilizado de múltiples maneras, estimulando la imaginación y creatividad de los infantes. Por este motivo, hay una amplia variedad de material que puede utilizarse como material no estructurado.

MATERIALES NO ESTRUCTURADOS DE LA NATURALEZA

Los materiales no estructurados de la naturaleza ofrecen una rica variedad de posibilidades para el juego y la exploración. Cada uno de estos materiales tiene usos y beneficios específicos que fomentan el desarrollo integral en la infancia y se puede recolectar una gran cantidad de elementos que dan mucho juego a la hora de presentarlas con los niños y niñas.

Las piedras, por ejemplo, son muy versátiles, permitiéndoles construir, apilar o clasificarlas por tamaño y color. Las conchas pueden convertirse en elementos de juego simbólico, como tesoros o monedas, o usarse para crear patrones en la arena. Las ramas y palos se pueden utilizar para construir estructuras, dibujar en la tierra o como accesorios en juegos imaginarios. Las hojas son ideales para hacer collages o estampados, para coser sobre ellas o para cortar y las semillas pueden servir para actividades de clasificación, decoración o servir de base para esconder o mezclar otros objetos.

Las flores, naturales o secas, son ideales para hacer ramos, clasificación, estampados o simplemente para explorar diferentes texturas y colores.

Su uso estimula la creatividad y la exploración sensorial, permitiendo a los niños y niñas experimentar con elementos naturales de manera artística y táctil. Las frutas secas o cáscaras se pueden emplear para crear arte natural, construir decoraciones o usarse en juegos de roles. Ofrecen una experiencia sensorial rica y fomentan el juego simbólico, permitiéndoles interactuar con los materiales de manera imaginativa y práctica. Los frutos de árboles se pueden utilizar en actividades de clasificación, para construir figuras o en juegos de simulación. Promueven la motricidad fina, la clasificación y el juego imaginativo, facilitando la manipulación de objetos pequeños y la creación de formas diversas.

El barro o la arcilla natural son ideales para moldear y crear figuras, construir estructuras o explorar diferentes texturas y consistencias. Fomentan la motricidad fina, la creatividad y la capacidad de resolución de problemas, al permitir a los niños y niñas experimentar con el modelado y la construcción. La arena se puede utilizar para construir castillos, hacer patrones, mezclar con agua para crear diversas texturas, para servir de base en mezclas o simplemente para explorar. Estimula el juego sensorial, la creatividad y las habilidades motoras gruesas, proporcionando una experiencia táctil y visual que enriquece el desarrollo físico y creativo.

Los materiales reciclados proporcionan una amplia gama de oportunidades para el juego y la creatividad en los niños y niñas, al permitirles usar su imaginación para darles múltiples propósitos. Estos materiales, que son tanto ecológicos como económicos, no tienen una función predefinida, lo que los convierte en herramientas ideales para estimular la creatividad y el desarrollo integral de los pequeños y pequeñas.

Los tapones de botellas son muy versátiles, pueden ser utilizados para construir estructuras, clasificar por colores y tamaños, para poner y sacar de la botella, o incluso como fichas en juegos. Su uso fomenta la coordinación mano-ojo y la clasificación, además de enriquecer el juego simbólico. Las botellas de plástico pueden transformarse en contenedores para almacenar otros objetos, en instrumentos musicales al llenarlas con diferentes cantidades de agua, para hacer transvases o en elementos de construcciones de torres y castillos, estimulan la creatividad y el juego simbólico. Las cajas de cartón tienen un sinfín de aplicaciones, se pueden convertir en bloques de construcción, casas para muñecos, disfraces, torres, casas o túneles para juegos. Este material promueve el juego imaginativo, la motricidad fina y la resolución de problemas.

Los tubos de papel higiénico son excelentes para construir estructuras, para almacenar, pueden ser un volante, para crear nuevos materiales, ser cañones o telescopios y su uso fomenta la creatividad, la coordinación y el juego de construcción. Los rollos de papel de cocina o aluminio pueden utilizarse para hacer túneles en juegos de construcción, como instrumentos musicales caseros o bases para proyectos artísticos, fomentan el juego simbólico, la coordinación y el desarrollo de habilidades motoras. Los envases de yogur, zumo, leche, recipientes de alimentos… son útiles como recipientes para almacenar materiales de juego, en juegos de imitación, para crear coches o cámaras de fotos o para crear juegos tradicionales y, además, estimulan la organización, el juego simbólico y la creatividad.

Los corchos pueden ser empleados para hacer estampas, construir figuras decorativas, como elemento para introducir en un envase, como muñecos o como elementos de juego en actividades de clasificación y conteo. Este material ayuda a desarrollar habilidades de clasificación, motricidad fina y creatividad en el juego. Los cartones de huevos son perfectos para construir estructuras, hacer arte o clasificar objetos pequeños. Su uso estimula la creatividad, la coordinación y el juego constructivo.

Los periódicos y revistas viejas son ideales para hacer collages, construir figuras y esculturas o para el juego simbólico, este material fomenta la creatividad, el desarrollo de habilidades motoras finas y la conciencia ambiental. La ropa vieja y los retazos de tela pueden utilizarse para hacer disfraces, construir casas o tiendas en juegos de rol o para manualidades como colchas y muñecos, promueven el juego simbólico, la creatividad y la motricidad fina.

MATERIALES NO ESTRUCTURADOS DE LA VIDA COTIDIANA

Los objetos de la vida cotidiana o uso común pueden ser herramientas no estructuradas excepcionales para niños y niñas. Estos elementos permiten a los pequeños y pequeñas explorar y aprender de manera creativa y libre, al carecer de un propósito especifico en el juego.

Las cucharas, ya sean de plástico o metal, pueden convertirse en instrumentos musicales al golpear superficies y crear ritmos, también sirven como herramientas en juegos de simulación, donde los niños y niñas pueden usarlas para trasladar arena, agua o piedras, en el juego simbólico, las cucharas permiten a los niños y niñas preparar y servir comida. Estos usos fomentan la motricidad fina, el desarrollo del ritmo, la autonomía y el juego simbólico. Los tenedores pueden ser utilizados como herramientas de arte al crear estampas en pintura o masa. En el contexto de juego simbólico, actúan como utensilios para mezclar y servir alimentos, también pueden ser útiles en juegos de construcción, moviendo y clasificando pequeños objetos como piedras o botones y ayudan a desarrollar habilidades motoras finas, creatividad y coordinación. Los cucharones son ideales para crear sonidos de percusión y experimentar con juegos de agua, permitiendo verter y trasladar líquidos, en el juego simbólico funcionan como utensilios para mezclar y servir, además, pueden ser usados para explorar texturas en actividades sensoriales. Estos usos estimulan la motricidad gruesa y fina, así como el juego simbólico.

Los batidores de cocina permiten a los niños y niñas crear texturas en pintura o masa, para sacar elementos por sus agujeros o para juego simbólico, para simular el batido de mezclas, en juegos sensoriales, los niños y niñas pueden explorar diferentes texturas al utilizar el batidor en agua o arena. Estos objetos fomentan la creatividad, el desarrollo de habilidades motoras finas y el juego imaginativo. Las tazas y platos de plástico se utilizan en el juego simbólico para servir y comer alimentos, son útiles para medir y verter líquidos, y como moldes para arcilla o masa. Estos objetos promueven el juego simbólico, habilidades motoras finas y la exploración sensorial.

Los raspadores de cocina (teniendo en cuenta la edad) son ideales para crear texturas en pintura o masa o para raspar y explorar diferentes materiales como arena o barro. Estos usos fomentan la motricidad fina, la creatividad y el juego sensorial. Las espátulas de cocina se utilizan en el juego simbólico para mezclar y servir alimentos, permiten crear texturas en pintura o masa, y en juegos sensoriales, se pueden usar para explorar y mezclar materiales. Estos objetos promueven el desarrollo de habilidades motoras finas y el juego simbólico.

Los cestos son perfectos para actividades de clasificación y almacenamiento de pequeños objetos como bloques o juguetes. También se pueden utilizar en juegos de simulación para guardar y sacar materiales, y en juegos de construcción al apilar y organizar cestos para formar estructuras. Estos usos desarrollan habilidades de organización, motricidad fina y el juego simbólico. Los coladores pueden ser utilizados en juegos sensoriales para pasar arena, arroz o agua, experimentando con diferentes texturas, en juego simbólico funcionan como coladores para preparar alimentos, pueden crear texturas interesantes en pintura o servir como base para crear un centro con flores. Estos usos estimulan el desarrollo sensorial, la creatividad y la motricidad fina.

CAPÍTULO 4

INTEGRACIÓN EN EL AULA Y EN CASA

PLANIFICACIÓN Y ORGANIZACIÓN DE ESPACIOS

La planificación y organización de espacios en educación infantil es esencial para fomentar el desarrollo integral de los niños y niñas. Para empezar, se debe hacer un análisis del entorno, para ver de qué materiales disponemos y cuáles necesitamos y del espacio del que disponemos. El primer paso en la organización del espacio es identificar los objetivos específicos que se desean alcanzar en el desarrollo de la motricidad fina, estos objetivos pueden incluir mejorar la coordinación mano-ojo, fortalecer la destreza en movimientos precisos y fomentar la capacidad de manipular objetos pequeños. En el aula es importante considerar las necesidades y habilidades individuales de cada niño o niña en el grupo, adaptando las actividades a diferentes niveles de habilidad, necesidades, intereses y características.

En cuanto al **espacio que será destinado a la realización de actividades,** siempre debe ser accesible, seguro, cálido, confortable y estimulante. Es fundamental que el mobiliario sea del tamaño adecuado para los infantes, permitiéndoles trabajar cómodamente, debe estar a una altura que facilite la manipulación de los materiales sin dificultad, promoviendo una postura correcta y evitando la fatiga.

Los materiales y recursos deben estar al alcance de los pequeños y las pequeñas de manera que puedan elegir y utilizar lo que necesiten sin requerir la ayuda constante de un adulto, esto fomenta la autonomía y la confianza en sus propias habilidades, permitiéndoles tomar decisiones y explorar libremente. Estos materiales deben ser variados, atractivos y adaptados a sus habilidades.

Debemos tener en cuenta la organización del tiempo y hay que permitir que disfruten de tiempo de calidad, con paciencia, para que puedan investigar, experimentar y conseguir así, potenciar al máximo el desarrollo de su creatividad e imaginación.

Para mantener el interés de los niños y niñas y asegurar un desarrollo integral es recomendable rotar las actividades y los materiales disponibles cada poco tiempo, esto garantiza que los pequeños y pequeñas exploren diferentes maneras de trabajar sus habilidades motoras y no se aburran al realizar siempre las mismas actividades. Además, es importante encontrar un equilibrio entre las actividades propuestas, donde los niños y niñas siguen instrucciones más específicas, y el juego libre, donde pueden explorar y experimentar a su propio ritmo. Este equilibrio permite que los pequeños y pequeñas desarrollen tanto la disciplina como la creatividad e imaginación.

Es esencial fomentar el desarrollo de la autonomía e independencia de los niños y niñas, por eso es importante ofrecer la presencia de adultos que supervisen y ofrezcan apoyo cuando sea necesario, es decir, el papel del adulto debe ser de acompañante y guía. La idea es proporcionar ayuda y orientación, interviniendo solo cuando sea necesario para guiar el aprendizaje, sin interferir en el proceso de descubrimiento, investigación y experimentación del niño o niña. Es fundamental observar cómo interactúan los pequeños y pequeñas con el espacio y los materiales, y es muy importante estar dispuestos a realizar ajustes para mejorar la experiencia de aprendizaje y maximizar el desarrollo de la motricidad fina. Muchas veces planificamos algo creyendo que saldrá de una forma, pero después sale algo totalmente diferente a lo que teníamos en mente, por eso, debemos observar todo lo que ocurre y realizar cambios si es necesario.

En resumen, la planificación y organización de espacios requiere una consideración cuidadosa del entorno, materiales, tiempo y actividades, un espacio bien diseñado y organizado no solo promueve el desarrollo físico, sino que también fomenta la creatividad, la autonomía y la confianza en las habilidades de los infantes, permitiéndoles explorar y aprender en un ambiente seguro y estimulante.

CREAR RINCONES DE JUEGO

Diseñar rincones de juego en casa y en el aula enfocados en el desarrollo de la motricidad fina es una excelente manera de fomentar el desarrollo y aprendizaje en un entorno seguro y estimulante. Estos espacios pueden crearse con materiales sencillos, accesibles y muchas veces sin coste alguno, adaptándolos a las habilidades, intereses, características y necesidades de los infantes.

Centrándose en la primera etapa de infantil, donde los bebés comienzan a conocer el mundo y a explorar su entorno a través de sus sentidos, pueden hacerse propuestas muy útiles que sirvan de base para el posterior desarrollo de la motricidad fina. Una buena idea sería crear un rincón de texturas, este puede ubicarse en una alfombra suave o hacerse con un cartón y diferentes texturas pegadas. Es ideal proporcionar telas de diversos materiales como terciopelo, seda, lana y algodón, estropajos, esponjas, junto con juguetes de peluche o cepillos suaves, manipular estas texturas ayuda a los/as bebés a desarrollar su sentido del tacto y a mejorar su capacidad de agarre, una habilidad fundamental en la motricidad fina. Un rincón de juego de enhebrado y cintas, pegar objetos con cinta adhesiva y que deban despegarlas. Todo esto podría hacerse en una mesa baja, en la pared o en el suelo y es imprescindible que las cintas sean seguras para evitar cualquier riesgo de asfixia. Jugar con estas cintas permite al bebé practicar la precisión y la fuerza en los dedos, desarrollando la motricidad fina de manera segura y entretenida.

Podría hacerse un rincón de juegos de clasificación con recipientes, este rincón puede incluir pequeñas cestas o contenedores en el suelo, junto con objetos grandes y seguros como anillas, bolas de goma o bloques y recipientes con agujeros del tamaño de los objetos. El bebé puede disfrutar poniendo y sacando los objetos de los contenedores, lo que desarrolla la coordinación mano-ojo y ayuda a entender la relación causa-efecto, fortaleciendo además los músculos de las manos y los dedos. Crear un rincón de música y sonidos con instrumentos, este espacio puede incluir instrumentos sencillos como maracas, tambores pequeños y sonajeros o utensilios de cocina como cucharas de madera y ollas o frascos con elementos que hagan ruido dentro. El bebé puede explorar los sonidos que producen estos objetos al moverlos o golpearlos, lo que no solo estimula su sentido del oído, sino que también le permite practicar movimientos de sacudir, golpear y agarrar, fomentando así la motricidad fina.

Permitir jugar en espacios donde los bebés puedan manipular tierra, arena, pan rallado o elementos de diferentes texturas. Si no se dispone de un espacio exterior, se puede montar un área segura dentro de casa o del aula, con macetas o bandejas llenas de tierra suave, arena o pan rallado, donde el bebé pueda excavar con las manos o con alguna herramienta como cucharas, tenedores... Manipular tierra o arena no solo ayuda al bebé a desarrollar la fuerza en los dedos y las manos, sino que también enriquece su experiencia táctil a través de la exploración sensorial.

Al crear diferentes rincones de motricidad fina para bebés debemos tener en cuenta varios factores, ya que en los primeros años debemos ofrecer materiales y recursos seguros y adecuados a la edad de los niños y niñas. Es fundamental garantizar la seguridad de todos los materiales y juguetes, asegurándose de que sean apropiados para la edad del bebé y de que no presenten riesgos de asfixia. Además, mantener los rincones sencillos, sin demasiados elementos, colores chillones y sonidos estridentes evita la sobre estimulación. Por otro lado, es recomendable cambiar los materiales periódicamente para mantener el interés del bebé, aunque el aburrimiento, cuando ofrecemos materiales no estructurados, también es interesante, ya que ayuda a desarrollar su imaginación y creatividad. Hay que asegurarse también de que los objetos estén siempre al alcance del bebé, permitiéndole explorar y experimentar por sí mismos, lo que fomenta su autonomía, independencia y confianza en sus habilidades.

Pensando en la segunda etapa de educación infantil, se pueden crear un rincón de arte, destinando un área pequeña en casa y en el aula, como una mesa adaptada a la estatura de los niños y niñas, donde puedan trabajar en proyectos creativos, recortar, dibujar, pintar... Es importante proporcionar materiales como papel, tijeras de seguridad, pegamento, marcadores, ceras o plastilina. Este espacio les permitirá practicar habilidades que favorecen el desarrollo de su coordinación mano-ojo, precisión y control de movimientos.

Un rincón de construcción se puede crear usando una alfombra o una caja grande, donde puedan jugar con bloques de diferentes tamaños, piezas de encaje, palos de madera, imanes y otros materiales que se puedan apilar o ensamblar. Manipular estos objetos no solo ayuda a mejorar la motricidad fina, sino que también fomenta el desarrollo de habilidades cognitivas, como la resolución de problemas y el pensamiento espacial.

Establecer un rincón de juegos de enhebrado y ensartado. Para estas actividades se puede colocar una bandeja o cesta con materiales como cordones, envases para introducir elementos, botones o anillas para que los niños y niñas puedan ensartar y enhebrar. Las actividades de enhebrado son ideales para fortalecer la destreza manual y la concentración, promoviendo además la coordinación mano-ojo.

Crear un rincón de cocina y actividades de vida cotidiana o permitir que los niños y niñas puedan participar en actividades en casa de la vida diaria. Se pueden proporcionar utensilios como pinzas, espátulas, cucharas, moldes de galletas y materiales seguros, como masa para amasar, frutas para cortar (con cuchillos adaptados a su edad), y recipientes para verter, ropa para doblar o colgar. Esto permitirá mejorar su motricidad fina mientras aprenden sobre la preparación de alimentos y desarrollan habilidades útiles para la vida diaria.

Hacer un rincón sensorial. Se puede crear en un espacio donde los niños y niñas puedan experimentar con diferentes texturas y materiales sensoriales, como bandejas con arena, arroz, lentejas, agua o gelatina, junto con herramientas como pinzas, cucharas, embudos y recipientes pequeños. Manipular estos materiales estimula no solo la motricidad fina, sino también los sentidos y la creatividad.

Jugar en el exterior y realizar tareas de jardinería o crear un espacio en el interior, con una mesa pequeña que contenga macetas, tierra, semillas y herramientas de jardinería adaptadas a su edad. La jardinería es una excelente actividad para practicar habilidades de motricidad fina, como usar pinzas para plantar semillas, verter agua cuidadosamente y trasplantar pequeñas plantas, mientras aprenden sobre el cuidado de las plantas, el medio ambiente y la paciencia.

Montar un rincón de rompecabezas y juegos de mesa. Este rincón puede estar en el suelo o en una mesa baja, destinado a rompecabezas, juegos de ensamblaje y juegos de mesa que requieren movimientos precisos, como mover fichas pequeñas o armar piezas. Estos juegos ayudan a desarrollar la coordinación mano-ojo, el pensamiento lógico y la paciencia mientras disfrutan de actividades lúdicas.

Para trabajar con estos rincones es importante mantener los materiales organizados y accesibles, de modo que los niños y niñas puedan usarlos de manera independiente. Utilizar cajas, estantes bajos o cestas etiquetadas para almacenar los elementos facilitará esta tarea. Además, es recomendable rotar los materiales y actividades de cada rincón regularmente para mantener su interés y estimular el desarrollo de diferentes habilidades. Aunque es esencial supervisar las actividades para garantizar la seguridad, también es importante permitir que exploren y experimenten por sí mismos, fomentando su autonomía. Por último, estos rincones no necesitan ser permanentes, sino que pueden montarse y desmontarse según el interés del niño o niña o la actividad del día. La organización y almacenamiento de materiales es fundamental para crear un ambiente de aprendizaje eficiente, seguro y estimulante, así como para inculcar hábitos de orden e higiene. Un entorno bien planificado y organizado no solo facilita el acceso a los materiales, sino que también les enseña la importancia del orden y la responsabilidad en el manejo de los recursos y materiales.

PARTE 2.
ACTIVIDADES
PRÁCTICAS

Todas las actividades propuestas a continuación promueven el desarrollo de la motricidad fina y están pensadas para ayudar a fortalecer los músculos pequeños de las manos y los dedos, esenciales para la coordinación precisa y el control manual. Además, estas actividades fomentan la coordinación mano-ojo, ya que requieren que los niños y niñas sincronicen sus movimientos con lo que están viendo, mejorando así su capacidad para coordinar la vista y el movimiento de las manos. La atención al detalle y la paciencia son también habilidades que se desarrollan a través de estas actividades, puesto que requieren que presten atención a pequeños detalles y trabajen con paciencia para completar las actividades.

Estas actividades también proporcionan una rica experiencia sensorial, ya que involucran la manipulación de diversos materiales, al interactuar con ellos, los niños y niñas exploran diferentes texturas y sensaciones táctiles, lo que enriquece su desarrollo sensorial. También se trabaja la resolución de problemas al ejercitar su capacidad para enfrentar y resolver desafíos, estimulando su pensamiento crítico. En cuanto a la estimulación cognitiva, estas actividades fomentan habilidades como seguir instrucciones, planificar acciones y completar tareas. Finalmente, la presentación lúdica de estas actividades, utilizando materiales simples, pero atractivos, hace que el aprendizaje sea divertido y motivador. Esto no solo mantiene su interés, sino que también fomenta la independencia al permitirles experimentar y lograr resultados por sí mismos, ganando confianza en sus habilidades.

CAPÍTULO 5

ACTIVIDADES CON MATERIAL DE LA NATURALEZA

FORMAS CON PIEDRAS

Material:

◇ Papel.

◇ Piedras.

◇ Líneas formando un dibujo.

◇ Pinzas.

Desarrollo:

Para comenzar, se les proporcionará una hoja de papel o un trozo de cartón en la cual habremos trazado previamente uno o varios dibujos. Este puede representar cualquier cosa: una forma geométrica, un animal, una flor, o cualquier otro diseño que consideremos adecuado según la edad y los intereses de los niños y niñas.

La actividad consiste en ir colocando las piedras sobre las líneas del dibujo, siguiendo el contorno marcado, es importante que las piedras sean adecuadas en tamaño para que encajen bien dentro de las líneas. Esta parte de la actividad se puede realizar inicialmente utilizando los dedos, lo que les permitirá a los pequeños/as familiarizarse con la textura, el peso y la forma de las piedras, además de ayudarlos a desarrollar su destreza manual.

Una vez hayan dominado la colocación de las piedras con los dedos, podemos introducir un nuevo desafío: utilizar pinzas para realizar la misma tarea. Este paso adicional no solo incrementa la dificultad de la actividad, sino que también mejora significativamente la precisión y control de los movimientos, fortaleciendo los músculos de la mano y los dedos.

PESCA DE PIEDRAS

Material:

◇ Piedras.

◇ Agua.

◇ Pinzas de cocina grandes.

Desarrollo:

La actividad consiste en retirar piedras de un recipiente con agua utilizando pinzas de cocina grandes. Para realizar la tarea, se debe llenar un recipiente con agua y colocar las piedras en su interior. Los niños y niñas deben usar las pinzas de cocina para sacar las piedras del agua, una a una, y colocarlas en un recipiente.

Se puede variar la actividad de diferentes maneras, clasificando las piedras por tamaño o color, retirando solo ciertos objetos entre varios en el agua, o haciéndolo con los ojos vendados para desarrollar la percepción táctil. Otras variaciones incluyen usar piedras numeradas o con letras para reforzar el conteo, organizar carreras de relevos, emplear diferentes tipos de pinzas, o agregar colorante al agua para dificultar la tarea.

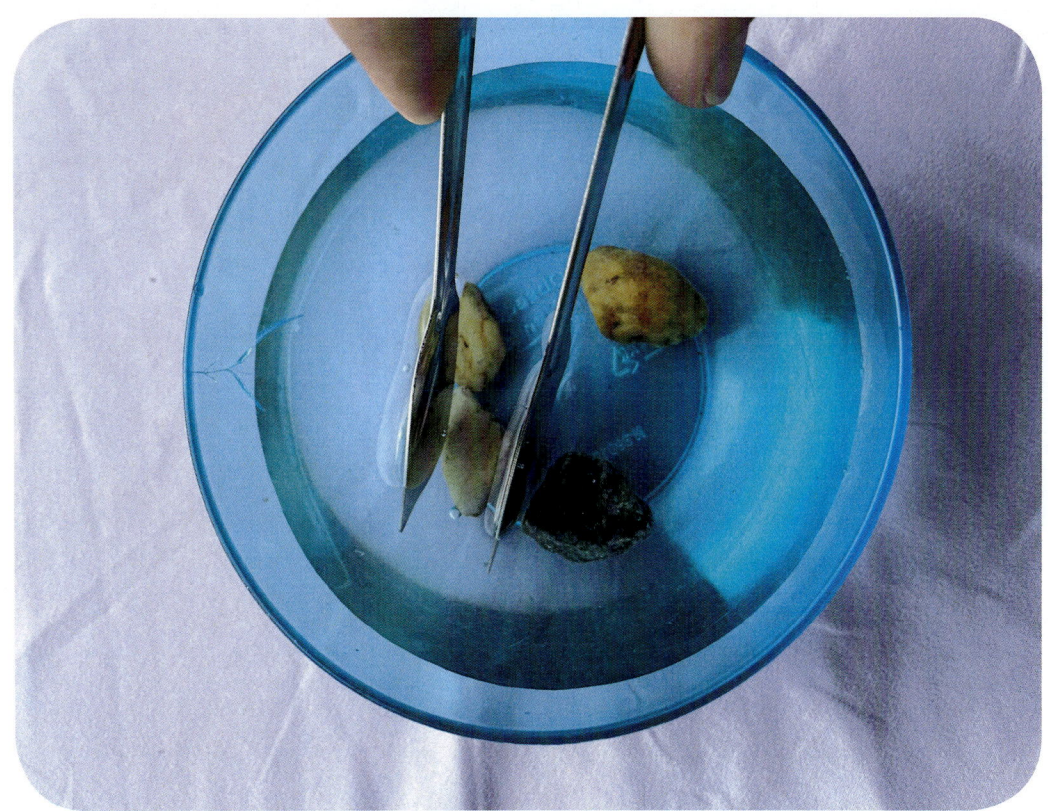

RESCATE DE FLORES

Material:

◇ Flores.

◇ Agua.

◇ Pinzas de ensalada grandes.

Desarrollo:

La actividad consiste en rescatar flores de un recipiente lleno de agua utilizando pinzas de ensalada grandes. Para realizar la tarea, se debe llenar un recipiente con agua y colocar las flores en su interior, los niños y niñas deben usar las pinzas de ensalada para sacar una flor de cada vez del agua y colocarla en otro recipiente.

Se pueden introducir varias variaciones como, clasificar las flores por color o tamaño, o retirar solo las flores cuando hay otros objetos en el agua, hacerlo con los ojos vendados, organizar relevos, utilizar diferentes tipos de pinzas o agregar colorante al agua para aumentar la dificultad.

ENCAJE DE FLORES Y HOJAS

Material:

◇ Colador.

◇ Flores.

Desarrollo:

Esta actividad consiste en crear un centro de mesa insertando flores en un colador. Para llevar a cabo esta tarea, se debe proporcionar un colador y una variedad de flores. Los niños y niñas deben usar el colador como base para colocar las flores, insertándolas a través de los agujeros del colador de manera que queden bien distribuidas.

Se pueden introducir variaciones como clasificar las flores por color, diseñar un centro de mesa con una temática específica, o incorporar elementos naturales adicionales como hojas y ramas. También se puede fomentar la creatividad con patrones geométricos, realizar la actividad en equipos, o agregar mensajes escritos en pequeñas tarjetas. Otras ideas incluyen hacer un centro de mesa estacional, utilizar flores secas o artificiales, añadir flores aromáticas para una experiencia sensorial, y decorar con lazos y cintas.

COLOCACIÓN DE NUECES

Material:

◇ Pinzas.

◇ Nueces.

◇ Huevera.

Desarrollo:

La actividad consiste en colocar nueces en los agujeros de una huevera utilizando pinzas, para llevar a cabo la tarea, se debe proporcionar una huevera y una cesta o recipiente con nueces. Los niños y niñas deben usar las pinzas para recoger una nuez del recipiente y luego insertarla en uno de los agujeros de la huevera.

Algunas variaciones pueden ser clasificar las nueces por tamaño, o usar diferentes tipos de pinzas para recogerlas, hacer la actividad con los ojos vendados para desarrollar la percepción táctil, crear patrones específicos con las nueces. Otras ideas incluyen alternar nueces con otros pequeños objetos.

CAPÍTULO 6

ACTIVIDADES CON MATERIALES RECICLADOS

ABRIR Y CERRAR

Material:

◇ Tapones de envases de abre y cierra.

◇ Base de cartón.

Desarrollo:

Lo primero que se necesita es recolectar varios tapones de envases que tengan mecanismos de abre y cierra, pueden ser de botellas de agua, envases de champú, pasta de dientes o abridor de toallitas. Es recomendable seleccionar tapones que sean seguros y fáciles de manipular para los niños y niñas, evitando aquellos que puedan presentar algún tipo de riesgo, como piezas pequeñas que se desprendan fácilmente o que rompan rápido, una vez reunidos los tapones, se procederá a pegarlos en un pedazo de cartón resistente. Este cartón servirá como base para la actividad, por lo que debe ser lo suficientemente grande para que los tapones puedan estar separados entre sí, permitiendo que el niño o niña tenga espacio para maniobrar sin dificultad. Los tapones deben pegarse de manera segura utilizando un pegamento fuerte o silicona caliente, asegurándose de que queden firmemente adheridos al cartón para que no se desprendan durante la actividad. El objetivo principal de esta actividad es que el niño o niña experimente con los diferentes tapones, abriéndolos y cerrándolos repetidamente.

A medida que el niño o niña se familiariza con los tapones y sus mecanismos es probable que comience a explorar nuevas formas de interactuar con ellos, pueden intentar abrir y cerrar los tapones más rápido, o descubrir si hay alguna diferencia en la fuerza que deben aplicar para abrir diferentes tipos de tapones. Este tipo de experimentación no solo refuerza las habilidades motoras, sino que también les enseña a los niños y niñas a observar y analizar su entorno. Se pueden introducir variaciones, como agregar tapones de diferentes tamaños, formas y mecanismos, como los que giran, los que se deslizan, o los que requieren un pequeño empuje. También se podría involucrar el uso de diferentes materiales para los tapones, como plásticos suaves o duros, para que los niños y niñas experimenten con diferentes texturas y resistencias.

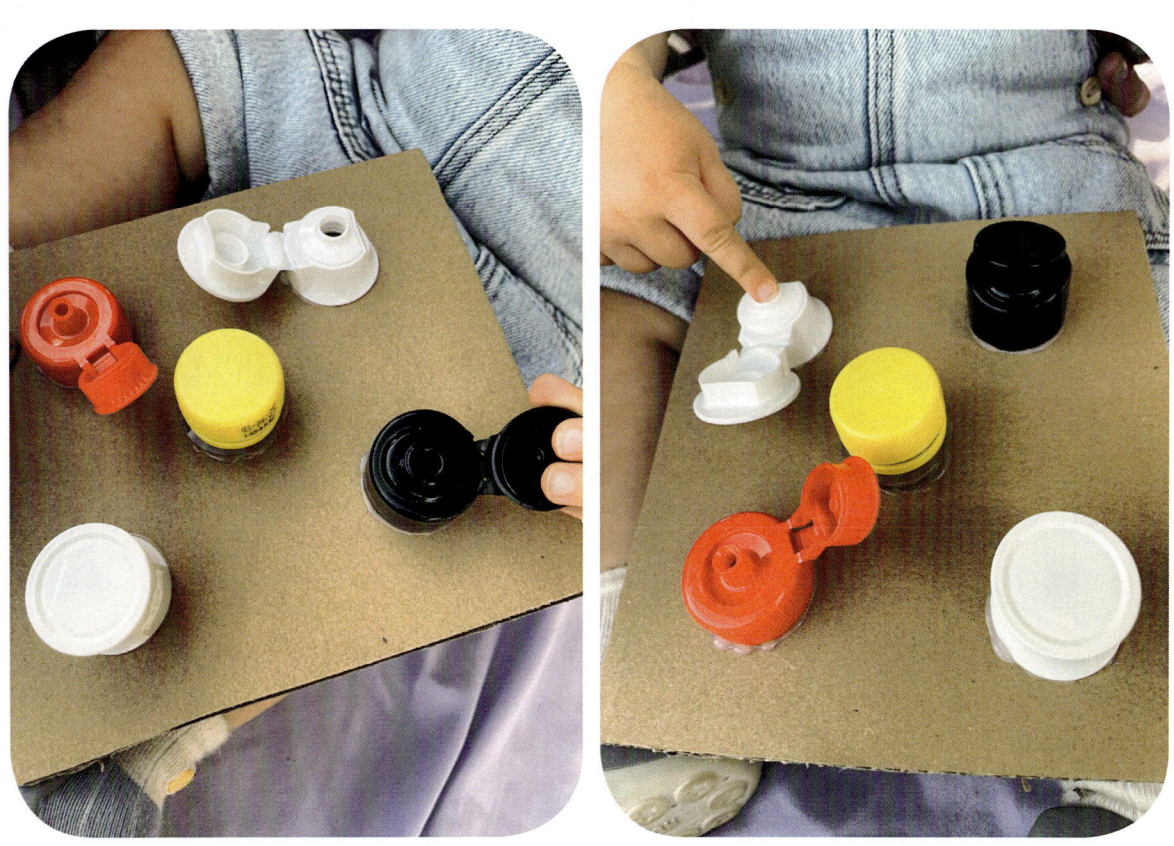

ENCESTAR CD

Material:

◇ CD.

◇ Caja de CD.

Desarrollo:

Para comenzar, se les proporcionará a los niños y niñas un conjunto de CD, junto con su caja correspondiente. Consiste en que practiquen insertar y retirar los CD de su caja.

Una vez que hayan adquirido confianza en la actividad básica de insertar y sacar los CD, se pueden introducir variaciones para mantener el interés y aumentar el nivel de dificultad. Por ejemplo, se podría establecer un tiempo límite para completar la tarea o pedirles que lo hagan utilizando solo una mano. Estas variaciones no solo les desafían, sino que también les permiten medir su progreso, lo que puede ser muy motivador.

TIRAR DEL HILO

Material:

◇ Lazos.

◇ Bote.

Desarrollo:

Para comenzar, se selecciona un bote que cuente con una tapa que se ajuste de manera segura. Se harán varios agujeros en la tapa del bote, deben ser lo suficientemente grandes como para que los lazos puedan pasar a través de ellos, pero no tan grandes como para que se deslicen con demasiada facilidad, la cantidad y disposición de los agujeros pueden variar según su edad y el nivel de desafío deseado. Una vez que la tapa del bote está preparada con los agujeros, se colocan todos los lazos dentro del bote. Los lazos pueden ser de diferentes colores, longitudes y texturas. Luego, se pasa un extremo de cada lazo a través de uno de los agujeros en la tapa, dejando el otro extremo dentro del bote.

El objetivo de esta actividad es que los niños y niñas saquen los lazos del bote tirando de los extremos que sobresalen por los agujeros en la tapa. Para evitar que los lazos se deslicen completamente hacia afuera, se les hace un nudo en el extremo que queda fuera del bote. Estos nudos aseguran que los lazos permanezcan en su lugar mientras tiran de ellos.

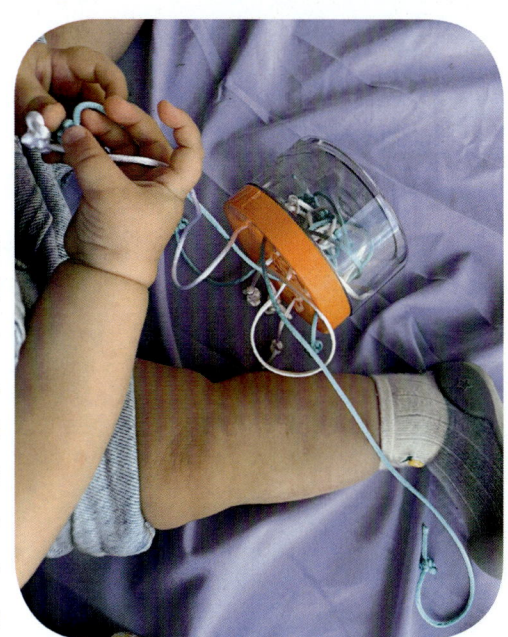

Para hacer la actividad más desafiante o interesante se pueden introducir variaciones. Por ejemplo, se podrían usar lazos de diferentes grosores o materiales, algunos más resbaladizos que otros, lo que podría requerir más esfuerzo para tirar de ellos. Otra opción es variar el tamaño de los agujeros, lo que podría obligar a los niños y niñas a usar diferentes técnicas para sacar los lazos.

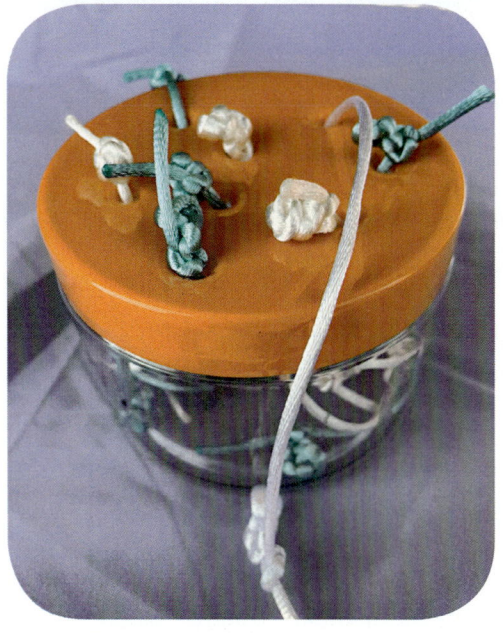

ENCAJAR CORCHOS

Material:

◇ Botella.

◇ Corchos.

Desarrollo:

Antes de comenzar la actividad, se debe seleccionar una botella adecuada, lo ideal es una botella con una abertura que permita que los corchos puedan ser insertados con facilidad. La elección del material de la botella es importante, si se trabaja con niños o niñas más pequeños, es recomendable usar una botella de plástico para evitar posibles accidentes.

Los corchos utilizados pueden ser reciclados de botellas de vino u otros envases similares. Es beneficioso contar con corchos de diferentes tamaños y formas, lo que añade un elemento de variación y desafío a la actividad. Hay que asegurarse de que los corchos estén limpios y en buenas condiciones para una manipulación segura. Consiste en que los niños y niñas deben encajar los corchos dentro de la botella, utilizando sus manos para alinear los corchos con la abertura de la botella y empujarlos hacia adentro. Esta acción aparentemente sencilla involucra varias habilidades importantes.

Los corchos pueden tener tamaños ligeramente diferentes, lo que podría requerir que los niños y niñas ajusten la fuerza con la que empujan o que giren el corcho para encontrar la posición adecuada. Una vez que hayan dominado la tarea básica de encajar corchos, se pueden introducir variaciones, por ejemplo, hacer uso de diferentes tipos de botellas, algunas con bocas más estrechas o más anchas, lo que obligaría a los niños y niñas a ajustar su técnica. También se podría incorporar el uso de pinzas o herramientas pequeñas para agarrar los corchos, aumentando la dificultad y ayudando a desarrollar una mayor precisión en el agarre.

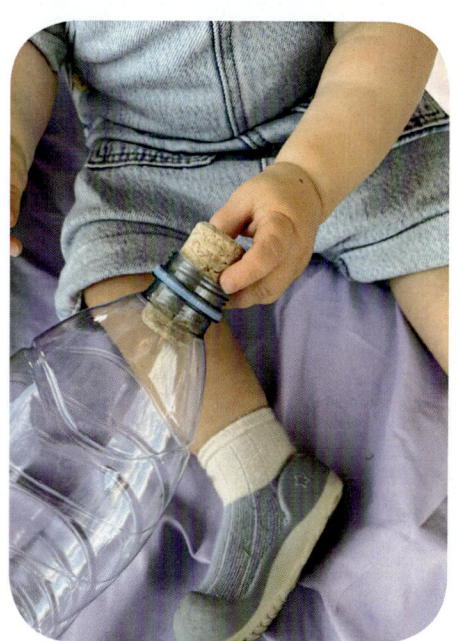

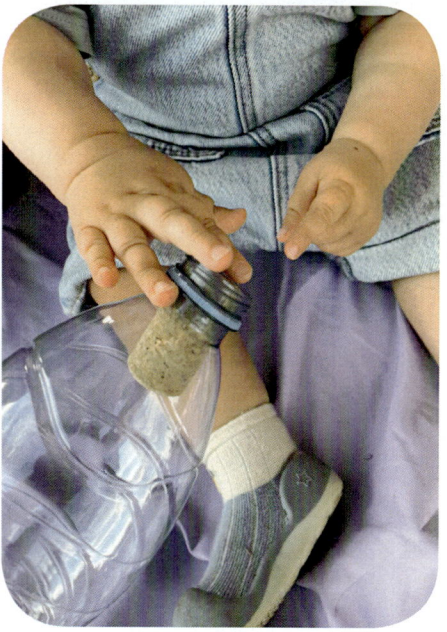

RESCATE DE NUECES

Material:

◇ Nueces.

◇ Molde para magdalenas.

◇ Cinta adhesiva.

Desarrollo:

Se colocarán las nueces dentro de las cavidades del molde y se coloca cinta adhesiva por arriba de ellas. Es recomendable utilizar un molde de silicona o metal, ya que estos materiales ofrecen la durabilidad y estabilidad necesarias. Las tiras de cinta deben colocarse en diferentes direcciones, cubriendo las nueces lo suficiente como para que no puedan ser extraídas fácilmente. Sin embargo, es importante no colocar demasiada cinta, para no hacer la actividad demasiado difícil o frustrante para los niños y niñas. La idea es crear una pequeña barrera que se debe superar para rescatar las nueces.

El objetivo de la actividad es que ellos utilicen sus dedos para extraer las nueces de las cavidades del molde y superar la barrera creada por la cinta adhesiva. Este proceso requiere que piensen en cómo mover la cinta o maniobrar las nueces para liberarlas, lo que fomenta tanto la motricidad fina como las habilidades de resolución de problemas. Al intentar liberar las nueces, deberán ejercer una presión adecuada y utilizar sus dedos de manera precisa para mover la cinta o tirar de las nueces.

Para mantener la actividad interesante y adaptarla a diferentes niveles de habilidad, se pueden introducir variaciones. Se podría utilizar una cinta adhesiva más resistente o aplicar más tiras para aumentar la dificultad. Alternativamente, se podrían utilizar otros objetos pequeños en lugar de nueces, que podrían ofrecer diferentes grados de desafío según su tamaño y textura.

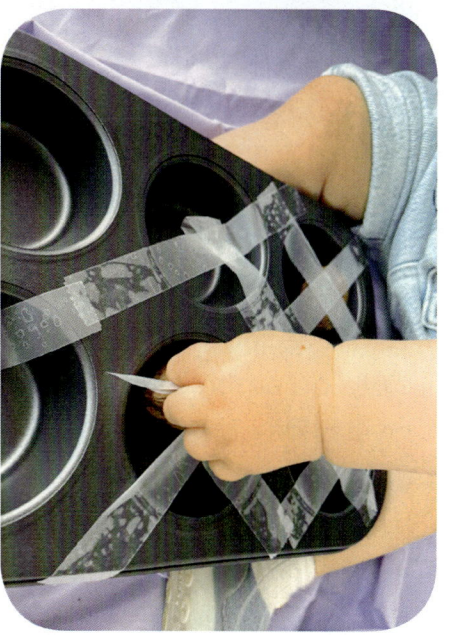

DESPEGAR OBJETOS

Material:

◇ Cuchara, cucharilla, palos (cualquier objeto cotidiano).

◇ Cinta adhesiva.

Desarrollo:

Para preparar la actividad, se seleccionarán varios objetos cotidianos que sean pequeños y fáciles de manejar para las manos de los niños y niñas, pueden ser cucharas, cucharillas, palos de helado, o cualquier otro elemento que esté disponible en casa o en el aula. Es importante que los objetos sean lo suficientemente variados en forma y tamaño para que la actividad ofrezca una experiencia rica y diversa y, sobre todo, que sean seguros. Una vez seleccionados los objetos, se les colocará cinta adhesiva alrededor. Se pueden utilizar diferentes tipos de cinta adhesiva, como cinta de embalar o cinta adhesiva decorativa, para ofrecer diferentes niveles de adherencia y desafío. El objetivo principal de la actividad es que despeguen la cinta adhesiva que ha sido colocada sobre los objetos, para hacerlo, deberán utilizar sus dedos y uñas para levantar los bordes de la cinta y retirarla cuidadosamente del objeto.

Para introducir variaciones, se puede utilizar cinta adhesiva de diferentes colores y grosores para ofrecer diferentes niveles de desafío. También se puede incrementar la dificultad al envolver objetos con formas más complejas o al utilizar varios tipos de cinta en un mismo objeto. Se podría involucrar el uso de herramientas como pinzas o palillos, lo que añadiría un nivel adicional de complejidad al requerir que utilicen estas herramientas para levantar los bordes de la cinta antes de despegarla.

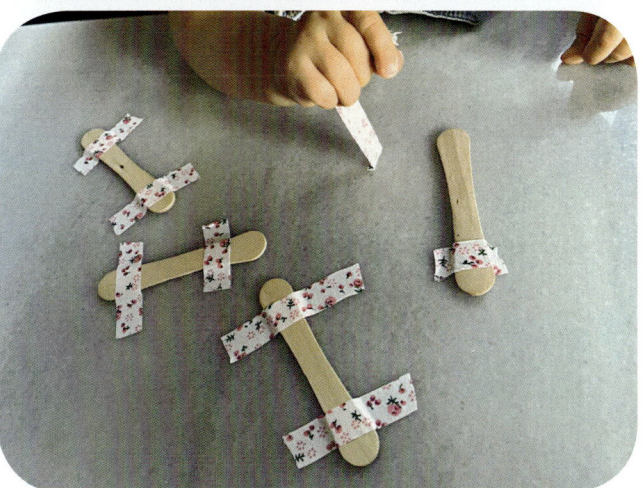

ENCAJAR PIEZAS

Material:

◇ Bote con tapa.

◇ Tapones de botellas.

Desarrollo:

Para preparar esta actividad, primero se debe seleccionar un bote adecuado, puede ser de plástico o metal, siempre que tenga una tapa que se ajuste firmemente, el tamaño del bote debe ser lo suficientemente grande para que los tapones puedan caer dentro sin problemas, pero no tan grande que resulte incómodo de manejar para los niños y niñas. El siguiente paso es preparar la tapa del bote, se debe hacer un agujero en la tapa, asegurándose de que el tamaño del agujero sea justo lo suficientemente grande para que los tapones de las botellas puedan pasar a través, pero no tan grande para que caigan sin esfuerzo. Es recomendable utilizar tapones de diferentes colores y tamaños para añadir un elemento de diversidad a la actividad, también se pueden utilizar tapones de materiales diferentes, como corcho y plástico, para ofrecer una experiencia sensorial diferente.

Para hacer variaciones de esta actividad se pueden crear varios agujeros en la tapa, cada uno de un tamaño diferente, y proporcionarlos tapones que varíen en tamaño. Esto les desafiará a encontrar el agujero
correcto para cada tapón, añadiendo un elemento de resolución de problemas a la actividad. También se podría involucrar el uso de tapones de
diferentes texturas o materiales, como tapones de corcho, que requieren un poco más de fuerza para ser empujados a través del agujero, en
comparación con los tapones de plástico más suaves.

ENCAJAR LIMPIA PIPAS

Material:

◇ Huevera.

◇ Colores.

◇ Limpia pipa o pajitas.

Desarrollo:

Primero se lleva a cabo la preparación de la huevera con rotuladores o pinturas hay que pintar cada uno de los compartimentos de la huevera con diferentes colores, se deben utilizar los mismos colores que tienen los limpia pipas. Los colores servirán como guía para que los niños y niñas asocien cada limpia pipas con su respectivo color en la huevera. Una vez que la pintura esté seca, se realiza un pequeño agujero en cada compartimento pintado de la huevera, los agujeros deben ser lo suficientemente grandes para que los limpia pipas puedan pasar a través de ellos, pero no tan grandes como para que se deslicen fácilmente. Es importante que los agujeros estén bien alineados para que los limpia pipas puedan atravesar la huevera de un lado al otro.

La actividad consiste en que el niño o la niña escoja un limpia pipas del color que desee y lo inserte en el agujero correspondiente de la huevera, asegurándose de que el color del limpia pipas coincida con el color del compartimento en la huevera. Esto se puede repetir con cada color hasta que todos los limpia pipas estén colocados en su lugar correspondiente.

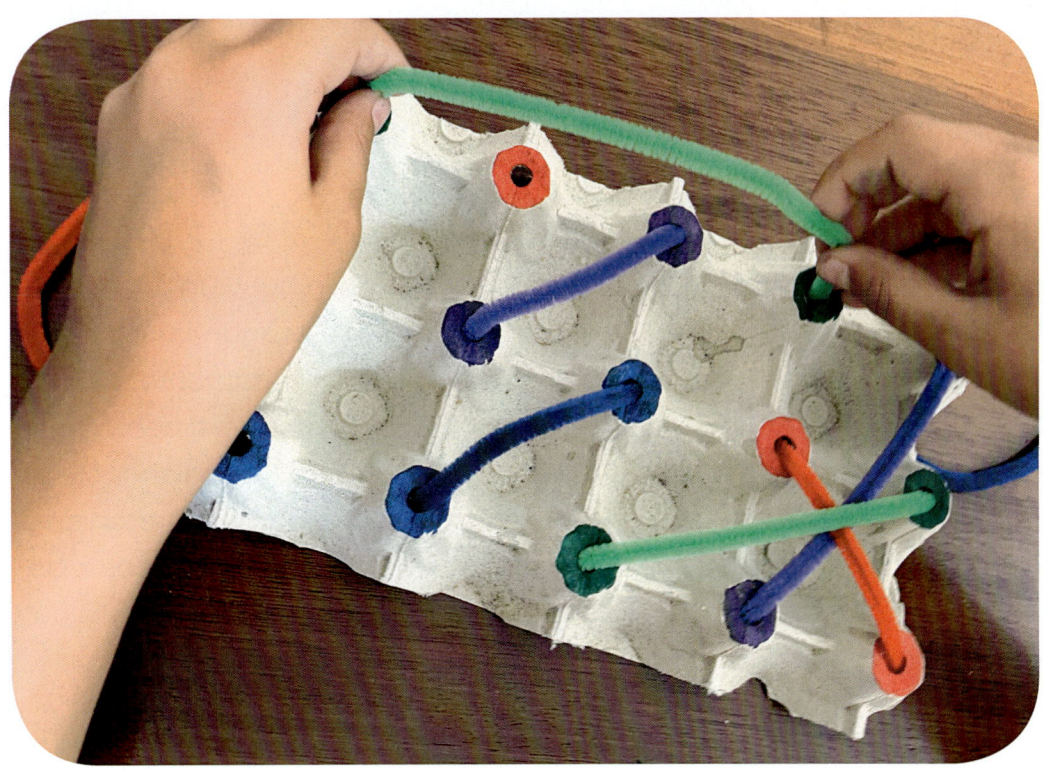

ENCAJAR PALO

Material:

◇ Depresores.

◇ Colores.

◇ Huevera.

Desarrollo:

Para comenzar se pinta cada compartimento de la huevera con un color diferente, los colores deben ser los mismos que tengan los depresores. Una vez que la pintura en la huevera esté completamente seca, se realiza un pequeño agujero en el centro de cada compartimento de la huevera, de la misma forma que los depresores. La actividad consiste en que los niños y niñas seleccionen un depresor pintado y lo inserten en el compartimento de la huevera que corresponde con el mismo color, deben alinear el depresor con el agujero e insertarlo, asegurándose de que el color coincida con el compartimento adecuado.

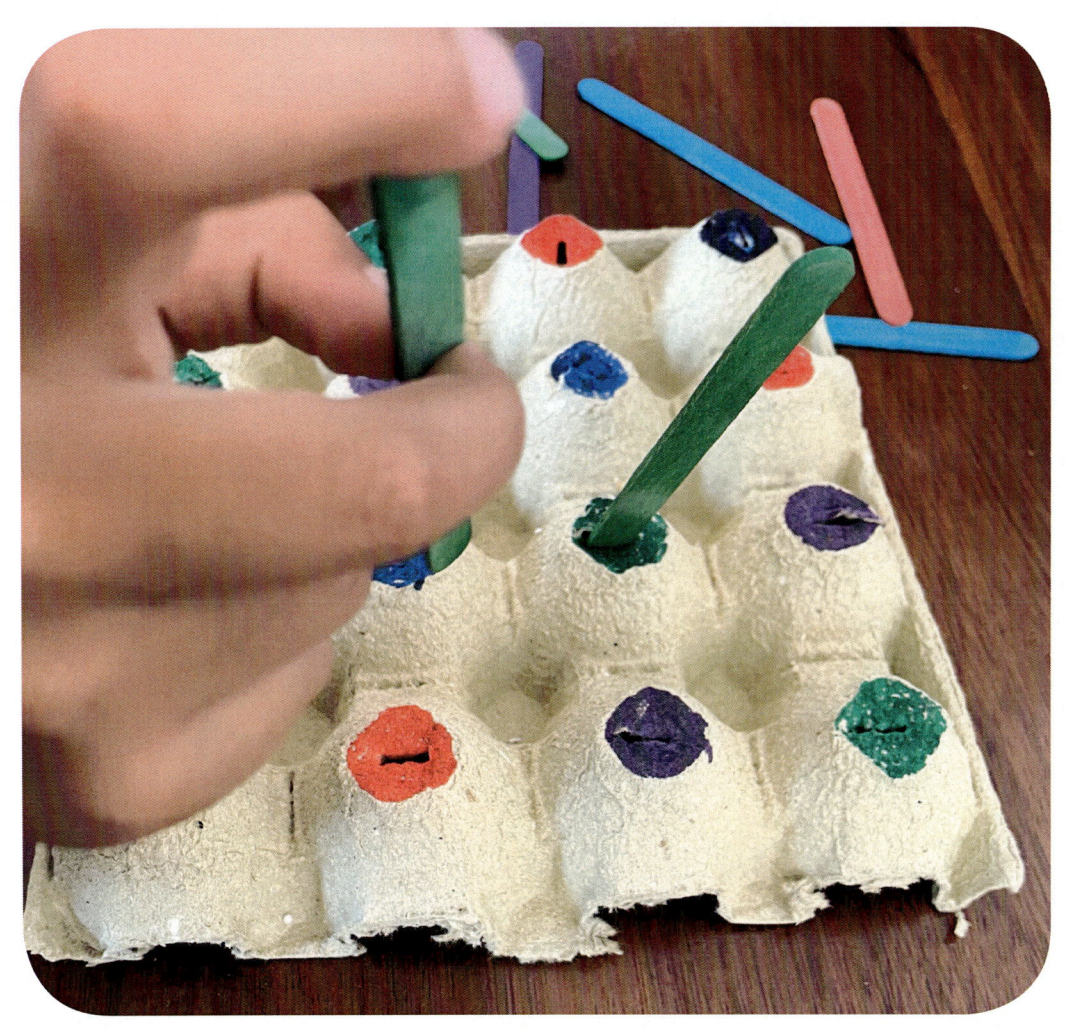

COLLAR CON MACARRONES

Material:

◇ Macarrones.

◇ Hilo.

◇ Base de cartón.

◇ Cinta adhesiva.

Desarrollo:

En primer lugar, se corta el hilo de la longitud deseada y se pega un extremo en el cartón, esto servirá para mantener el hilo en su lugar mientras se enhebran los macarrones, se puede usar cinta adhesiva o pegamento. Una vez que el hilo esté asegurado, los niños y niñas pueden comenzar a enhebrar los macarrones uno por uno en el hilo.

Se pueden usar macarrones de diferentes colores o formas para crear patrones y diseños variados, para ofrecer variantes de esta actividad, se puede orientar la actividad hacia un tema específico, como siguiendo un patrón de colores o alternado de formas o utilizar botones u otros objetos pequeños para incrementar la dificultad.

INSERTAR BASTONCILLOS

Material:

◇ Bastoncillos.

◇ Bote.

Desarrollo:

Hay que hacer pequeños agujeros en la tapa del bote, deben ser lo suficientemente grandes para que los bastoncillos pasen con un poco de esfuerzo, pero no tan grandes como para que entren fácilmente sin cuidado. El objetivo de la actividad es que los niños y niñas inserten los bastoncillos a través de los agujeros de la tapa, lo que requiere precisión y atención, ya que los agujeros son pequeños y demandan cuidado al introducir cada bastoncillo.

Para hacer variaciones de esta actividad se pueden hacer agujeros de diferentes tamaños, para ajustar la dificultad de la actividad o utilizar bastoncillos de diferentes colores y pedir que inserten un color específico en cada agujero, trabajando también en el reconocimiento de colores.

CIRCUITO DE MACARRONES

Material:

◇ Cartón.

◇ Macarrones.

◇ Cordón.

◇ Silicona caliente.

Desarrollo:

El primer paso es diseñar el circuito en el cartón. Este puede ser una línea recta, una curva, un zigzag u otro patrón que se desee crear, con la silicona caliente, se pegan los macarrones al cartón siguiendo la forma elegida. Es importante asegurarse de que los macarrones estén bien fijados y alineados para que el cordón pueda pasar fácilmente a través de ellos. Una vez que el circuito esté listo y la silicona se haya secado por completo, los niños y niñas tienen que insertar el cordón a través de los macarrones, siguiendo el recorrido del circuito desde el inicio hasta el final.

Se pueden hacer variaciones como crear un circuito de colores al pintar los macarrones de diferentes colores antes de pegarlos, y luego pasar el cordón siguiendo un patrón de colores específico, o utilizar diferentes tipos de pasta, para variar la dificultad, con diferentes formas y tamaños.

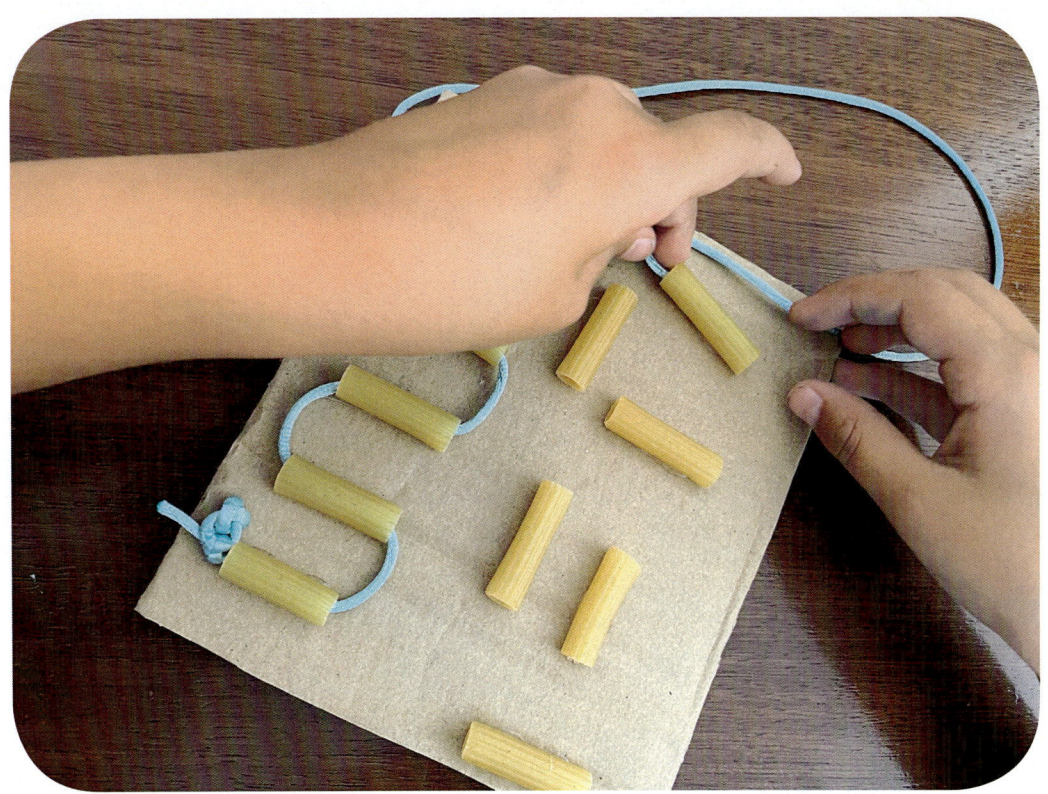

PESCA DE GOMAS

Material:

◇ Palos.

◇ Gomas de pulseras o pelo.

◇ Bol.

◇ Agua.

Desarrollo:

Hay que llenar un bol con agua y colocar las gomas dentro, asegurándose de que haya suficiente agua para que las gomas floten libremente en la superficie. Luego, los niños y niñas utilizarán los palos como cañas de pescar para intentar sacar las gomas del agua, deben hacerlo con cuidado, utilizando la destreza necesaria para pescar cada goma del bol sin tocar el agua con las manos.

Para hacer variaciones de esta actividad, se pueden usar gomas de diferentes tamaños y colores para añadir un elemento de desafío al identificar y atrapar gomas específicas, introducir un temporizador para ver cuántas gomas se pescan en un tiempo determinado, aumentando la emoción del juego o colocar pequeños obstáculos en el agua, como juguetes o piedras, para que maniobren alrededor de ellos mientras intentan pescar las gomas.

ENCAJAR PAJITAS

Material:

◇ Trozo de techopán.

◇ Palos o palillos largos.

◇ Pajitas.

◇ Pinzas.

Desarrollo:

Se comienza colocando los palillos largos en el trozo de techopán, asegurándose de que queden firmemente fijos en su lugar, luego, se cortan trozos de pajitas de diferentes longitudes y colores. La actividad consiste encajar las pajitas en los palillos fijados en el techopán.

Para aumentar la dificultad, se pueden usar pajitas de diferentes tamaños y colores y pedir a los niños y niñas que creen patrones específicos o sigan un esquema de colores al insertar las pajitas. También se puede introducir el uso de pinzas diferentes para hacer la actividad más desafiante, promoviendo la destreza adicional en el manejo de los objetos y se puede cambiar la disposición de los palillos en el techopán, creando diferentes configuraciones para modificar la complejidad de la actividad.

FORMAS CON GOMAS

Material:

◇ Trozo de cartón o techopán.

◇ Tapones de botella o chinchetas.

◇ Gomas de pelo o pulsera.

Desarrollo:

Primero se pegan los tapones de botella en el trozo de cartón, colocándolos en diferentes posiciones para formar una base para la actividad. La actividad consiste en utilizar las gomas para enlazarlas entre dos tapones, creando diversas formas y patrones en el cartón.

Para incrementar la dificultad, se pueden utilizar tapones de diferentes tamaños o formas, variar los tipos de gomas utilizadas, añadir una plantilla con formas geométricas predefinidas en el cartón.

TORRE DE GOMAS

Material:

◇ Porta rollos de papel de cocina.

◇ Gomas de pelo rígidas.

Desarrollo:

La actividad consiste en insertar las gomas rígidas una por una en el porta rollos, apilándolas de manera vertical.

Para aumentar la dificultad, se pueden utilizar gomas de diferentes tamaños o formas, haciéndolo más desafiante para los niños y niñas o establecer objetivos específicos, como construir una torre con un número específico de gomas, promoviendo el desarrollo de habilidades de planificación y organización.

ENCAJAR LA PAJITA

Material:

◇ Pajitas.

◇ Rollo de papel higiénico.

Desarrollo:

Primero, se deben hacer agujeros en el rollo de papel higiénico utilizando la perforadora. Una vez que el rollo tenga los agujeros preparados, la actividad consiste en insertar las pajitas a través de los agujeros, ajustándolas para que queden encajadas correctamente.

Para aumentar el desafío, se pueden hacer agujeros de diferentes tamaños en el rollo de papel higiénico, lo que requiere una mayor precisión para insertar las pajitas. Otra variación es utilizar pajitas de diferentes colores y pedir a los niños y niñas que sigan un patrón específico al insertarlas en los agujeros.

ENCAJAR ESPAGUETIS

Material:

◇ Botella.

◇ Espaguetis.

Desarrollo:

Se comienza haciendo un agujero en el tapón de la botella, una vez que el agujero esté listo, la actividad consiste en insertar los espaguetis a través del agujero en el tapón de la botella, los niños y niñas deben guiar los espaguetis con precisión para que encajen correctamente en el agujero.

EncuEnTRo DE BoToneS

Material:

◇ Arroz.

◇ Botones.

Desarrollo:

La actividad consiste en buscar botones escondidos en arroz utilizando los dedos, se debe llenar un bol con arroz y mezclar los botones con el arroz. Luego, los niños y niñas deben usar los dedos para buscar entre el arroz y encontrar los botones escondidos.

Para ajustar la dificultad, se pueden utilizar botones de diferentes tamaños, formas o colores, o cambiar el tipo de material en el que se esconden los botones, como arena o pasta, se puede también utilizar recipientes de diferentes tamaños o profundidades para modificar el nivel de dificultad en la búsqueda.

EXPRIMIR ESPONJAS CON PINZAS

Material:

◇ Trozos de esponja.

◇ Pinzas.

◇ Bol.

◇ Agua.

Desarrollo:

La actividad consiste en utilizar pinzas para coger y manipular trozos de esponja empapados en agua, se debe llenar un bol con agua y sumergir los trozos de esponja en el bol para que se empapen bien. Los niños y niñas deben usar las pinzas para sacar los trozos de esponja del bol, exprimiendo el exceso de agua mientras los manipulan.

Para ajustar la dificultad, se pueden utilizar esponjas de diferentes tamaños o formas, o variar la cantidad de agua en el bol para modificar la resistencia que ellos deben manejar al exprimir, o utilizar recipientes de diferentes formas o profundidades para cambiar el entorno de la actividad.

VESTIR BASTONCILLOS

Material:

◇ Pajitas.

◇ Bastoncillos.

Desarrollo:

Se deben cortar las pajitas en segmentos del mismo tamaño que los bastoncillos para que inserten los bastoncillos dentro de los segmentos de pajitas, como si estuvieran vistiendo los bastoncillos con las pajitas.

Para ajustar la dificultad, se pueden usar pajitas y bastoncillos de diferentes tamaños o colores o cortar las pajitas en segmentos de diferentes longitudes, lo que requerirá que los niños adapten su enfoque al encajar los bastoncillos.

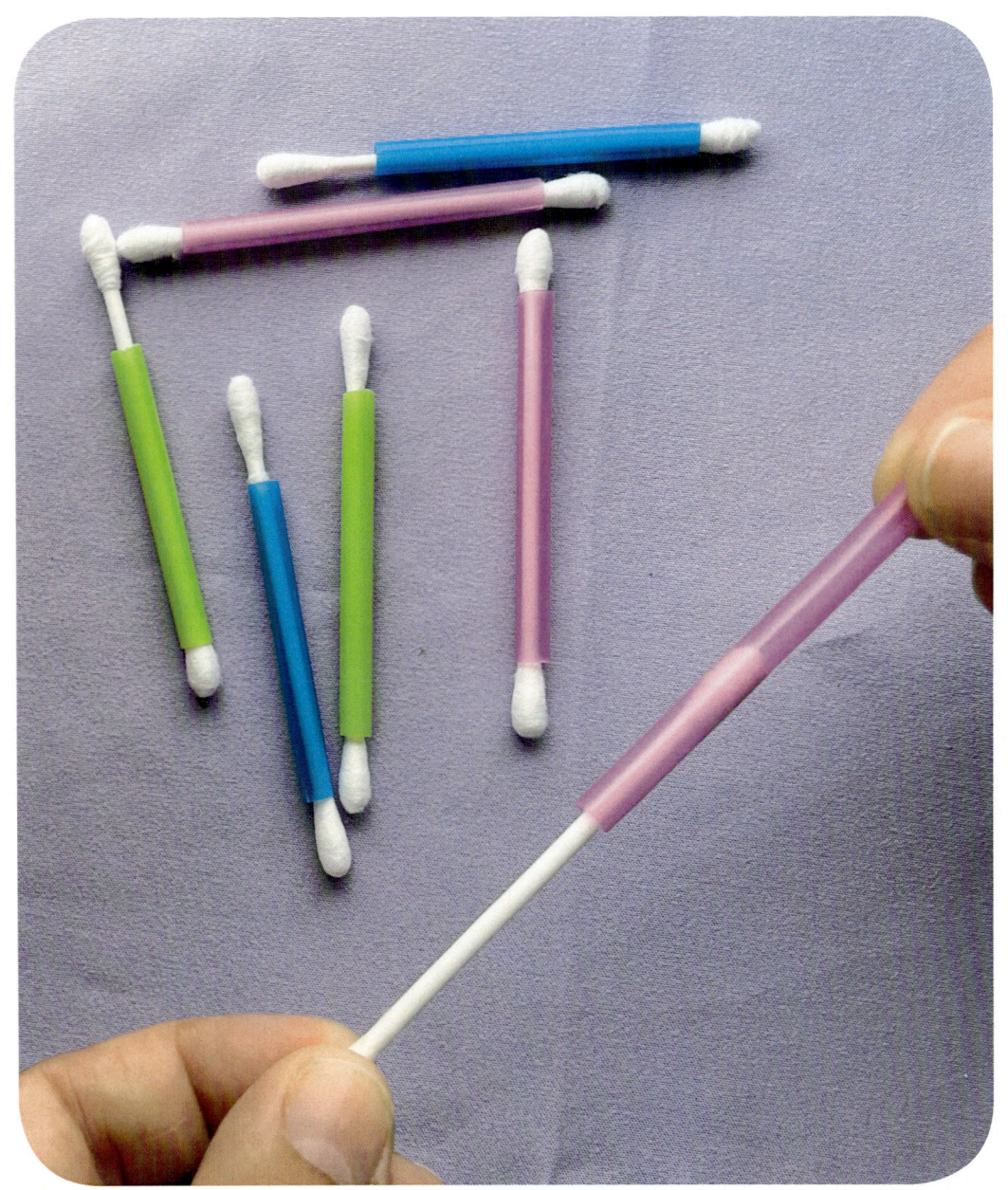

CAPÍTULO 7

ACTIVIDADES DE LA VIDA COTIDIANAS PARA DESARROLLAR LA MOTRICIDAD FINA

MANIPULAR CREMALLERAS

◇ Cremalleras.

◇ Una base para las cremalleras como fieltro o cartón.

Desarrollo:

Se comienza pegando los laterales de las cremalleras en una base de fieltro o cartón, asegurándose que queden bien fijadas y en una posición accesible para los niños y niñas. La actividad consiste en abrir y cerrar las cremalleras a lo largo de la base, permitiendo a los pequeños y pequeñas manipularlas y experimentar con el mecanismo de abrir y cerrar.

PELAR FRUTA

Material:

◇ Fruta (plátano, naranja, mandarina...)

Desarrollo:

La actividad consiste en pelar diferentes tipos de fruta, como plátanos, naranjas o mandarinas, usando las manos o utensilios adecuados si es necesario. Se debe mostrar a los niños y niñas cómo retirar la piel de la fruta de manera segura y efectiva, proporcionando orientación sobre cómo manejar la fruta sin dañar su pulpa.

INICIACIÓN ABROCHAR BOTONES

Material:

◇ Huevera.

◇ Botones de diferentes tamaños.

◇ Cola de ratón o hilo.

◇ Silicona caliente.

Desarrollo:

Para crear esta actividad, se deben pegar los botones en un lado de la huevera utilizando silicona caliente, asegurándose de que estén firmemente fijados, en el lado opuesto de la huevera, se introducen los hilos o cola de ratón, creando pequeños lazos o presillas alrededor de cada botón. La actividad para los niños y niñas es enganchar los lazos de hilo en los botones, simulando el proceso de abrochar botones reales.

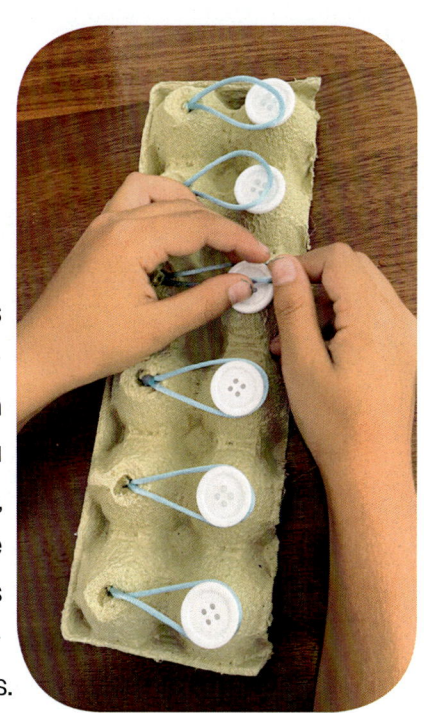

TRANSVASES CON CUCHARA

Material:

◇ 2 recipientes o tazas.

◇ Cuchara.

◇ Pan rallado.

Desarrollo:

Para empezar hay que llenar uno de los recipientes con pan rallado, dejando el otro vacío. La actividad consiste en utilizar la cuchara para transferir el pan rallado del recipiente lleno al recipiente vacío, asegurándose de que el pan rallado se mantenga dentro de los recipientes sin derramarse fuera durante el proceso.

QUITAR GRANOS DE MAÍZ

Material:

◇ Mazorca de maíz.

Desarrollo:

La actividad consiste en retirar los granos de maíz de la mazorca utilizando las manos, los niños y niñas deben sujetar la mazorca y extraer los granos uno por uno, deslizándolos o despegándolos de la mazorca.

COSTURA

Material:

◇ Cartón.

◇ Aguja de plástico.

◇ Lana o hilo grueso.

Desarrollo:

Se empieza creando una plantilla en el cartón, perforando agujeros a lo largo de una forma o línea específica para guiar la costura. Una vez que los agujeros estén listos, se proporciona a los niños y niñas una aguja de plástico y lana o hilo grueso. La actividad consiste en coser a través de los agujeros siguiendo el contorno de la forma o línea en el cartón.

VESTIRSE SOLO/A

Se debe ofrecer a los niños y niñas la oportunidad de vestirse de manera independiente. Hay que permitir que escojan sus prendas y a ponerse cada una por sí mismos. La actividad debe realizarse en un entorno donde ellos puedan recibir apoyo y ayuda si es necesario, pero se les debe permitir intentar hacerlo por sí mismos en la medida de sus habilidades.

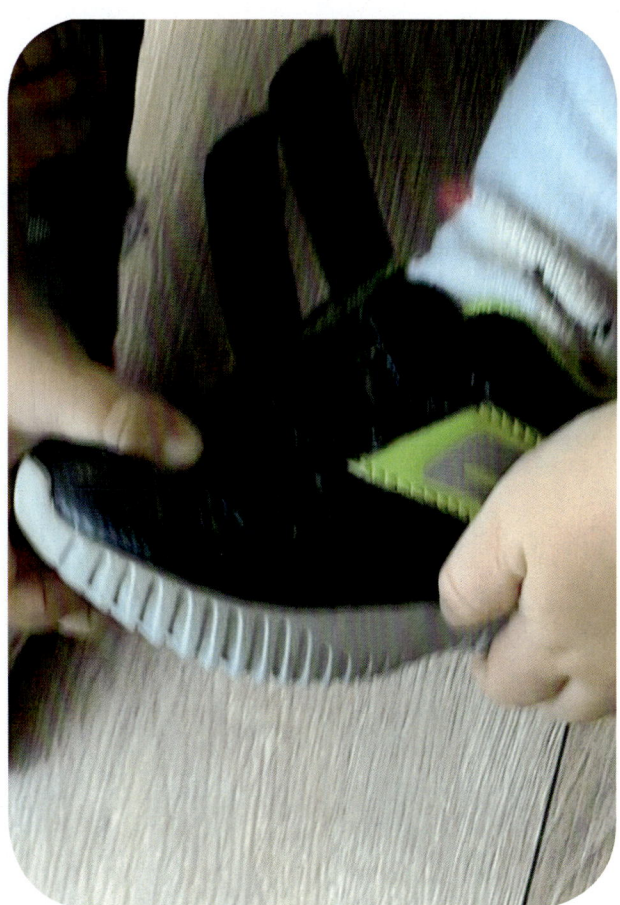

PELAR HUEVOS COCIDOS

Pelar huevos cocidos es una tarea simple, pero eficaz que se puede integrar en la rutina diaria de los niños y niñas. Para realizar la actividad, se debe proporcionar a los pequeños y pequeñas huevos cocidos y permitirles quitar la cáscara de manera independiente. De esta forma, manipular el huevo con cuidado, rompiendo la cáscara y retirándola pieza por pieza hasta dejar el huevo completamente pelado.

COLOCAR PINZAS

Material:

◇ Caja de cartón.

◇ Pinzas.

Desarrollo:

La actividad consiste en colocar pinzas en una caja de cartón para realizar la actividad, se debe proporcionar a los niños y niñas una caja de cartón y una serie de pinzas. Los niños y niñas deben usar las pinzas para colocarlas dentro de la caja, ya sea de forma aleatoria o siguiendo un patrón específico si se desea aumentar la dificultad.

EXPRIMIR NARANJA O LIMÓN

Material:

◇ Naranja/limón.

◇ Exprimidor.

Desarrollo:

La actividad consiste en extraer el zumo de una naranja o un limón utilizando un exprimidor. Para llevar a cabo la tarea, se les debe proporcionar una naranja o un limón y un exprimidor adecuado. Deben colocar la fruta en el exprimidor y aplicar presión para extraer el zumo, asegurándose de que el jugo se recoja en el recipiente adecuado.

CORTAR FRUTAS O VERDURAS

Material:

◇ Verduras o frutas (plátano, judías...).

◇ Cuchillo adecuado a su edad.

Desarrollo:

La actividad consiste en cortar frutas o verduras utilizando un cuchillo apropiado para la edad de los niños y niñas. Para llevar a cabo la tarea, se deben proporcionar frutas o verduras frescas y un cuchillo adecuado a su edad. Deben aprender a manejar el cuchillo con cuidado para cortar las frutas o verduras en piezas más pequeñas, siguiendo las instrucciones y utilizando técnicas seguras de corte.

UNTAR UN BOCADILLO

Material:

◇ Pan de molde.

◇ Untable (crema de cacao, margarina...).

◇ Cucharilla o cuchillo adecuado a la edad.

Desarrollo:

La actividad consiste en preparar un bocadillo untando crema de cacao o margarina sobre el pan de molde. Para realizar la tarea, se debe proporcionar a los niños y niñas pan de molde, untable de su elección y una cucharilla o cuchillo adecuado para su edad. Los pequeños y pequeñas deben usar el utensilio para aplicar el untable sobre las rebanadas de pan, asegurándose de distribuirlo de manera uniforme y cubrir toda la superficie del pan.

COLGAR ROPA

Material:

◇ 2 sillas o algo donde poder colgar los hilos.

◇ Hilo grueso.

◇ Pinzas.

◇ Su ropa o ropa de muñecos.

Desarrollo:

La actividad consiste en colgar ropa utilizando un hilo tendido entre dos sillas. Para realizar la tarea, se debe anudar un extremo del hilo en cada silla, formando un tendido donde se pueda colgar la ropa. Los niños y niñas deben usar pinzas para sujetar su propia ropa o la ropa de muñecos en el hilo. La actividad les permite practicar el colgado de las prendas de manera ordenada, utilizando las pinzas para asegurar la ropa en su lugar.

COMER SOLO/A

Se debe permitir y fomentar que los niños y niñas coman por sí mismos, utilizando sus manos primero y luego utensilios como cucharas o tenedores pequeños. Durante esta actividad, ellos se enfrentarán al desafío de manipular los alimentos y llevarlos a su boca de manera autónoma.

TAMIZAR HARINA

Material:

◇ Harina.

◇ Colador.

Desarrollo:

La actividad consiste en tamizar harina utilizando un colador. Para realizar la tarea, se debe proporcionar a los niños y niñas una cantidad de harina y un colador. Ellos deben verter la harina en el colador y luego agitar o golpear suavemente el colador para que la harina pase a través de los agujeros, eliminando grumos y asegurando que la harina quede fina y uniforme.

CAPÍTULO 8

CONSEJOS PRÁCTICOS PARA DOCENTES Y FAMILIAS

Las familias y docentes juegan un rol esencial en el apoyo y fomento del desarrollo de la motricidad fina de los niños y niñas. Al ofrecer oportunidades para el juego, involucrarse en actividades creativas y permitir hacer actividades de vida cotidiana, las familias y docentes pueden crear un entorno que promueva el desarrollo de estas habilidades.

El desarrollo de la motricidad fina es un proceso continuo que comienza desde el nacimiento y se extiende a lo largo de la infancia. A través de actividades de la vida diaria y el uso de elementos no estructurados, tanto docentes como familias pueden apoyar activamente este desarrollo, proporcionándoles las herramientas necesarias para interactuar con su entorno de manera más efectiva y segura. La clave es ofrecer una variedad de oportunidades que les permitan explorar, experimentar y fortalecer sus habilidades motoras finas de forma divertida y significativa.

El desarrollo de la motricidad fina en los niños es un proceso que requiere tiempo, práctica constante y, sobre todo, paciencia. Es fundamental que tanto padres como docentes impulsen y motiven los pequeños logros que los niños y niñas alcanzan a medida que mejoran sus habilidades. Cada avance, por pequeño que sea, es un paso importante en su desarrollo.

Es crucial adaptar las actividades a la edad y capacidad de cada niño o niña. Debemos asegurarnos de que las tareas sean adecuadas para su nivel de habilidad, ajustándolas según sea necesario. De esta manera, las actividades resultarán desafiantes, pero no frustrantes, permitiéndoles que se sientan motivados y seguros de sí mismos mientras avanzan.

Además, es importante mantener la variedad y la diversión en las actividades que se proponen. Alternar entre actividades estructuradas y tiempo libre para explorar y jugar ayudará a mantener el interés del niño o niña. Incorporar diferentes tipos de actividades asegurará un aprendizaje constante, al mismo tiempo que los niños disfrutan y se divierten durante el proceso.

Es muy importante recordar que cada niño o niña tiene sus tiempos y se desarrolla a su propio ritmo. Hay que ofrecer orientación y apoyo, pero permitiendo que explore y practique a su propio paso. La constancia y la paciencia son clave en cualquier proceso de desarrollo.

Desde el nacimiento, es fundamental estimular a los bebés con juegos que involucren las manos. Animar a los pequeños y pequeñas a agarrar y explorar objetos seguros de diferentes texturas, como pelotas suaves o sonajeros, les ayuda a desarrollar el control sobre sus manos y dedos. Además, los masajes suaves en las manos y dedos pueden mejorar la circulación y aumentar la conciencia corporal.

A medida que los niños y niñas crecen, fomentar el agarre y la manipulación es esencial. Proporcionarles juguetes pequeños y seguros, encajables o bloques de goma, les permitirá fortalecer su coordinación ojo-mano. Asimismo, dejar que manipulen objetos cotidianos seguros, como cucharas de madera o vasos de plástico, les ayudará a desarrollar su destreza manual.

La coordinación óculo-manual también puede mejorar a través de juegos de apilamiento y actividades con pelotas blandas. Estos juegos, además de ser divertidos, promueven la precisión y la capacidad de seguimiento visual. Incorporar actividades sensoriales es otra excelente manera de estimular la motricidad fina, juegos con agua, por ejemplo, donde los niños y niñas manipulen recipientes pequeños, y la exploración de diferentes texturas, como telas suaves, estropajos o esponjas, ofrecen una rica experiencia sensorial que fortalece las manos.

Fomentar la autoalimentación es igualmente importante. Dejar a los niños y niñas comer con los dedos y, gradualmente, introducir utensilios como cucharas y tenedores, les permitirá practicar el control y la precisión, al mismo tiempo que fomenta su independencia y autonomía.

Actividades simples de ensamblaje como jugar con bloques grandes o rompecabezas sencillos, también son útiles para mejorar la fuerza en las manos y la coordinación. Por otro lado, el juego creativo, como la pintura con los dedos y el uso de plastilina suave, estimula tanto la creatividad como la motricidad fina.

Es vital permitir que los niños y niñas exploren libremente en un entorno seguro, ofreciéndoles juguetes y objetos que respondan a su tacto, lo que les ayudará a comprender la relación entre sus acciones y el entorno.

En general, es importante recordar que en la **primera etapa de educación infantil**, el desarrollo de la motricidad fina requiere paciencia y repetición. Proporcionar oportunidades frecuentes para que los niños y niñas practiquen estas habilidades y adaptar las actividades a su edad, ritmo y capacidad son claves para su progreso. Mantener las actividades variadas y divertidas asegura que el aprendizaje sea un proceso placentero y efectivo.

En la segunda etapa de educación infantil, en el aula es fundamental integrar actividades que fortalezcan la motricidad fina en la rutina diaria. Dedicar tiempo cada día para que los niños y niñas realicen actividades como cortar, enhebrar o dibujar, les ayudará a desarrollar la precisión y la fuerza en sus manos. Crear estaciones de aprendizaje con materiales como bloques de construcción, pinzas o plastilina, permitirá que los alumnos y alumnas trabajen estas habilidades de forma natural y divertida.

Los proyectos de arte y manualidades también son una idea maravillosa para mejorar la motricidad fina. Actividades como recortar y pegar o modelar figuras con arcilla no solo son creativas, sino que también fortalecen los músculos de las manos.

Además, los juegos educativos como rompecabezas o juegos de mesa que requieran mover fichas pequeñas, pueden ser una forma lúdica de mejorar la destreza manual. Incorporar actividades sensoriales, como bandejas llenas de arena o arroz, donde los niños y niñas puedan buscar objetos escondidos o trazar formas con los dedos, es otra estrategia efectiva.

En el día a día en casa se puede trabajar la motricidad fina de muchas maneras, ya que, las actividades de nuestra vida cotidianas ofrecen innumerables oportunidades para que los niños y niñas la desarrollen. Tenemos que dejar que hagan cosas por sí mismos/as, algunas actividades perfectas del día a día para el desarrollo de la motricidad fina son:

Podemos permitir que ayuden en la cocina, ya sea mezclando ingredientes, amasando masa o pelando frutas con herramientas seguras, no solo fortalece sus manos, sino que también les enseña habilidades prácticas. Animarlos a vestirse solos, abrochando botones, subiendo cremalleras y atando sus zapatos, les ayudará a desarrollar la destreza óculo-manual y su independencia y autonomía.

Ofrecer tiempo en cada comida, para dejar que los niños y niñas utilicen cubiertos, viertan agua en un vaso, abran envases o corten alimentos blandos con un cuchillo, refuerza el agarre y la precisión. Permitir que hagan sus rutinas de aseo personal, como cepillarse los dientes, peinarse o lavarse las manos, implican movimientos específicos que ayudan a desarrollar la motricidad fina. Así mismo, doblar la ropa, poner y limpiar la mesa, barrer o hacer la cama, son tareas muy beneficiosas, ya que la manipulación de objetos como pinzas, trapos o cubiertos involucra movimientos delicados y precisos.

El juego creativo también es fundamental. Proporcionar bloques o juguetes de ensamblaje que requieran precisión, así como realizar manualidades en casa, son formas divertidas de mejorar la motricidad fina. Además, actividades sensoriales, como jugar con agua y esponjas o recoger objetos pequeños con pinzas, pueden ser tanto educativas como entretenidas.

AGRADECIMIENTOS

Este libro es el resultado de un viaje lleno de aprendizaje, descubrimientos, desafíos y, sobre todo, mucha ilusión. No podría haberlo recorrido sola y es por eso que quiero dar las gracias a quienes han estado conmigo en cada paso del camino.

GRACIAS

A mi familia, a mis amigas y mi pareja, por estar a mi lado, por creer en mí, por no dejar que me rinda nunca y animarme con cada una de las locuras que se me ocurren.

A todo mi alumnado, porque con su curiosidad, creatividad y ganas de aprender, me han enseñado tanto como yo a ellos/as. Este libro es, en gran parte, un reflejo de todo lo que he aprendido compartiendo momentos con vosotros/as.

A los/as docentes que creyeron en mí, por ayudarme a desarrollar todo mi potencial y por inculcarme el amor por esta profesión.

A Lúa, Antón, Breixo, Yago y Hugo por ser las manos que ilustran este libro.

Y, sobre todo, quiero agradecerme a mí misma, por luchar siempre por mis sueños y no darme por vencida a pesar de todas las adversidades.